Neumann

Die Kunst des Einfachen

Reiner Neumann

Die Kunst des Einfachen

Weniger ist mehr

HANSER

Alle in diesem Buch enthaltenen Informationen wurden nach bestem Wissen zusammengestellt und mit Sorgfalt geprüft und getestet. Dennoch sind Fehler nicht ganz auszuschließen. Aus diesem Grund sind die im vorliegenden Buch enthaltenen Informationen mit keiner Verpflichtung oder Garantie irgendeiner Art verbunden. Autor und Verlag übernehmen infolgedessen keine Verantwortung und werden keine daraus folgende oder sonstige Haftung übernehmen, die auf irgendeine Weise aus der Benutzung dieser Informationen – oder Teilen davon – entsteht.

Ebensowenig übernehmen Autor und Verlag die Gewähr dafür, dass die beschriebenen Verfahren usw. frei von Schutzrechten Dritter sind. Die Wiedergabe von Gebrauchsnamen, Handelsnamen, Warenbezeichnungen usw. in diesem Werk berechtigen auch ohne besondere Kennzeichnung nicht zu der Annahme, dass solche Namen im Sinne des Warenzeichen- und Markenschutz-Gesetzgebung als frei zu betrachten wären und daher von jedermann benützt werden dürften.

Bibliografische Information der Deutschen Nationalbibliothek:

Die Deutsche Nationalbibliothek verzeichnet diese Publikation in der Deutschen Nationalbibliografie; detaillierte bibliografische Daten sind im Internet über <http://dnb.d-nb.de> abrufbar.

© 2021 Carl Hanser Verlag, München
www.hanser-fachbuch.de
Lektorat: Lisa Hoffmann-Bäuml
Herstellung: Carolin Benedix
Satz: Eberl & Koesel Studio GmbH, Altusried-Krugzell
Coverrealisation: Max Kostopoulos
Titelmotiv: © Max Kostopoulos
Druck und Bindung: Eberl & Koesel GmbH, Altusried-Krugzell
Printed in Germany

Print-ISBN: 978-3-446-47038-5
E-Book-ISBN: 978-3-446-47138-2
ePub-ISBN: 978-3-446-47268-6

Vorwort

Die meisten Menschen mögen nichts Kompliziertes – lange Sätze mit mehr als 15 Wörtern versteht kaum jemand auf Anhieb. Umständliche Erklärungen wirken weniger glaubwürdig als kurze prägnante Aussagen. Von Politikern erwarten wir Soundbites, keine stundenlangen Ausführungen. Bewertungen auf Amazon (1 oder 5 Sterne?) wirken, weil sie einfach sind.

Picasso zeichnete mit wenigen Strichen eine Ziege – das Bild versteht jeder sofort. Alles Wesentliche ist enthalten. Gut ist es dann, wenn man nichts mehr hinzutun muss und nichts mehr weglassen kann. Reduce to the max. Einfach ist einfach besser. Einfach ist nicht "einfach". Einfach ist harte Arbeit. Es bedeutet, alles Überflüssige zu entfernen. Die Wirkung ist dafür deutlich stärker. Darum lohnt sich die Konzentration auf das Wesentliche. Unterstützt durch den richtigen Auftritt erzielen Sie nachhaltig Wirkung!

In diesem Sinne habe ich in diesem Buch die einfachen und wichtigen Methoden zusammengestellt, mit denen Sie erfolgreich(er) werden – im Privatleben genauso wie im Beruf.

Viel Spaß und viel Erfolg!

Ach ja – zur Wortwahl: "Wenn ich sage Menschen, meine ich Menschen. Wenn ich Künstler sage, meine ich alle Künstler, die Künstler sind, auch die Frauen." Das sagt Elke Heidenreich zu Gendersternchen und anderen Versuchen, Sprache gerecht zu machen. Ihr gefällt nichts, was die Sprache "verhunzt". Eine bessere Lösung kenne auch ich nicht. Darum verwende ich, ganz alter weißer Mann, in meinem Text generisches Maskulinum und Femininum und dergleichen mehr. Sprache soll nicht herabwürdigen, beleidigen oder diskriminieren – aber meine Texte sollen lesbar bleiben.

Herbst 2021   *Reiner Neumann*

Inhalt

1

Einfach emotional –
so funktionieren wir

Ich habe vom Feeling her ein gutes Gefühl.

Andreas Möller, Fußballer

1

Einfach emotional –
so funktionieren wir

- *Emotionen bewerten, was in unserer Umwelt wichtig ist.*
- *Emotionen zeigen uns, ob wir zielführend handeln.*
- *Emotionen treiben und steuern unser Handeln.*

Sind Sie gestern mit Ihrem Auto zur Arbeit gefahren? Wissen Sie noch, was für ein Auto an der letzten Ampel vor Ihnen stand, bevor Sie am Ziel waren? In den meisten Fällen lautet die Antwort „Nein". Wahrgenommen haben Sie das Auto schon, sonst hätte es vermutlich einen Unfall gegeben. Aber jetzt wissen Sie das nicht mehr.

Wissen Sie noch, was Sie am 24. Juni letzten Jahres getan haben? Den meisten wird das inzwischen entfallen sein. Sie können sich allerdings meist noch gut daran erinnern, wie sie den letzten 24. Dezember verbracht haben.

Emotional macht aufmerksam

Ähnliche Situationen erleben wir im Alltag in Hülle und Fülle. Die meisten Elemente einer Situation nehmen wir nur am Rande wahr, wir merken sie uns nicht. Immerhin „passieren" um uns herum pro Sekunde (geschätzt) mehr als zehn Millionen Bits an Informationen. Verarbeiten und damit bewusst wahrnehmen können wir aber nur etwa 20 bis 40 Bits. Insbesondere langweilige Inhalte nehmen wir kaum bewusst wahr, bis in unsere Erinnerung schaffen sie es kaum.

Wie ist der Prozess von der Wahrnehmung zur Erinnerung?[1] Nehmen Sie ein Blatt Papier zur Hand. Dieses Blatt steht für alles, was gerade um uns herum passiert. Falten Sie das Blatt einmal in der Mitte – das entspricht (etwa) dem, was wir wahrnehmen (können). Noch einmal gefaltet – das erregt unsere Aufmerksamkeit. Falten Sie das Blatt wieder in der Mitte – das interessiert uns von all dem, was um uns herum geschieht. Und noch einmal – das findet den Weg in unser Gedächtnis. Und noch einmal gefaltet – daran können wir uns aktiv (ohne Nachfragen) erinnern. Das Blatt Papier schrumpft von (beispielsweise) DIN A4 (210 mal 297 Millimeter) auf etwa 50 mal 35 Millimeter.

Wie schaffen es Reize in unsere Erinnerung? Zunächst müssen wir auf den Reiz aufmerksam werden. Das geht nur mit Emotionen. Wenn Sie das Auto vor sich besonders toll gefunden hätten – Ihr Traumwagen vielleicht –, dann wüssten Sie das heute noch. Der 24. Dezember war Heiligabend, in Deutschland für die meisten ein ganz besonderes Fest. Darum erinnern wir uns an die Feier mit Baum und Geschenken und gutem Essen.

- *Die meisten Reize in unserem Umfeld werden uns nicht bewusst.*
- *Personen oder Dinge merken wir uns, wenn sie eine emotionale Bedeutung haben.*

Im Supermarkt kaufen wir meist mehr, als auf dem Zettel steht. Schließlich waren die Melonen im Angebot. Und rochen richtig lecker. Wenn wir im Sommerurlaub im Restaurant mit Meerblick einen Wein trinken, schmeckt uns die gleiche Sorte oft besser als im November zu Hause bei Regenwetter. Menschen sind beeinflusst durch ihr Umfeld – andere Menschen, das Wetter, viele weitere Faktoren. Die meisten unserer täglichen Entscheidungen werden von unseren Emotionen bestimmt.

- *Menschen entscheiden nicht rational.*
- *Emotionen bestimmen unser Verhalten.*

Denken als Dreingabe

Die Vorläufer unseres Gehirns entwickelten sich in unserem Ur-Ur-Ur-…Ahnen, dem gemeinsamen Vorfahren von Lanzettfischchen, Manteltieren und Wirbeltieren (dazu gehören wir!), im Kambrium, vor etwa 500 Millionen Jahren. Die ersten Organismen wurden zu Jägern, der Rest war Beute. Die richtige Reaktion wie Angriff oder Flucht musste schnell und energiesparend ausgeführt werden. Das Gehirn entwickelte sich mit der Aufgabe, unsere Ressourcen richtig einzusetzen. Die Regulierung unserer physiologischen und psychologischen Stabilität in Stresssituationen nennt man Allostase. Die wichtigsten Prozesse sind Jagen und Fressen und Flüchten und Vermehren. Je besser das gelingt, umso länger überleben wir. Wenn ich im Voraus ahne, wie ich reagieren muss, kann ich schnell und energieeffizient handeln. Die beste Vorschau auf kommende Situationen liefern frühere Erfahrungen. Das nennen wir Lernen.

Je komplexer die Organismen im Lauf der Jahrmillionen wurden, umso komplexer war der Regelungsbedarf: Ein Herz-Kreislauf-System, Atmung, Verdauung und mehr kamen hinzu. Für die immer komplexere Aufgabe der Allostase wurde ein System gebraucht, das den ganzen Organismus am Laufen hielt. Das war ein Gehirn.[2] Auch bei uns hat es hauptsächlich die Aufgabe, unseren Energiebedarf zu steuern. Dass unser Gehirn auch noch (bewusst) denken kann, ist ein glücklicher (?) Zufall.

- *Unser Gehirn ist nicht zum Denken gemacht.*

Der grundsätzliche Bauplan unseres Gehirns ist nach wie vor derselbe, über den auch – beispielsweise – das Lanzettfischchen verfügt. Oder ein Krokodil. Oder eine Ratte. Alle Möglichkeiten auch unseres Gehirns sind bereits in diesem Bauplan angelegt.[3] Der einzige Unterschied ist die Dauer des Entwicklungsprozesses. Menschen entwickeln sich besonders lange – damit auch unser Gehirn. Das lässt mehr der angelegten Funktionen reifen, unser Gehirn verfügt daher über höhere Komplexität und dementsprechend mehr Fähigkeiten[4].

Anmerkung: Die Literatur ist immer noch voll von grundsätzlich falschen Vorstellungen hinsichtlich der Funktionsweise unseres Gehirns. Beispielsweise wird beschrieben, wie verschiedene Arten von Neuronen oder verschiedene Teile des menschlichen Gehirns unterschiedliche Aufgaben erfüllen – Sehen oder Gedächtnis oder Emotionen. Tatsächlich wissen wir inzwischen, dass das menschliche Gehirn ein eng verwobenes Netzwerk von Nervenzellen ist. Die meisten dieser Zellen erfüllen mehrere unterschiedliche Funktionen gleichzeitig – in Teilen des visuellen Cortex werden so beispielsweise nicht nur Informationen zum Sehen, sondern gleichermaßen zum Hören, zum Fühlen und zur Bewegung verarbeitet. Am Sehen wiederum sind auch andere Teile unseres Gehirns, nicht nur der visuelle Cortex, beteiligt. Einer der vielleicht folgenreichsten Irrtümer ist die Idee des „triune brain", populär gemacht durch Paul D. MacLean. Er propagierte die Vorstellung, das menschliche Gehirn bestünde aus drei weitgehend voneinander unabhängig agierenden Teilen – dem Reptiliengehirn, dem „frühen Säugetiergehirn" (limbisches System) und „höheren Säugetiergehirn" (Neocortex). Eine nette Idee, schön vorstellbar – die Forschung der letzten 30 Jahre hat diese allerdings als bloßen Mythos entlarvt. Das Gehirn besteht nicht aus voneinander getrennten Schichten und alle Gehirne von Säugetieren haben den grundsätzlich gleichen Bauplan und bestehen aus identischen Arten von Nervenzellen.

Unbewusst + irrational = gute Entscheidung

A: Sie bekommen auf jeden Fall 20 Euro. Oder *B:* Sie können 100 Euro bekommen, aber nur, wenn Sie eine Zwei, eine Drei oder eine Sechs würfeln. Wie entscheiden Sie? Die meisten

Menschen verzichten aufs Würfeln und nehmen die 20 Euro. Der „Spatz in der Hand" ist besser als „die Taube auf dem Dach".

In Österreich ist die Mineralölsteuer niedriger als in Deutschland. Autofahrer aus grenznahen Orten fahren darum gerne zum Tanken ins Nachbarland. Ein Magazin machte die Rechnung auf: 60 Kilometer hin und her plus warten und tanken kosten circa 50 Minuten Zeit, dazu die Betriebskosten plus Wertverlust zusätzlich zu den Benzinkosten – im günstigsten Fall legen Autofahrer fünf Euro obendrauf, meistens mehr.[5] Trotzdem überwiegt das gute Gefühl, beim Tanken gespart zu haben!

Das Menschenbild des Homo oeconomicus ist in den letzten Jahrzehnten durch die Psychologie demontiert worden. Irgendwann haben auch die Wirtschaftswissenschaftler verstanden, dass Menschen keineswegs rein rational entscheiden. 2002 erhielt Daniel Kahneman den Nobelpreis für Ökonomie. Gemeinsam mit dem 1996 verstorbenen Amos Tversky entwickelte er die „Prospect Theory".

Daniel Kahneman[6] hat in vielen Experimenten nachgewiesen, dass wir in den meisten Situationen weniger vernünftig agieren, als wir gerne annehmen. Wir lassen uns meist von unserer Intuition leiten. Kahneman unterscheidet bei unserem Denk- und Lösungsverhalten zwischen einem „System 1" und einem „System 2". Das System 1 funktioniert schnell, intuitiv und bildhaft; das System 2 hingegen rational, analytisch und entsprechend langsamer. Das System 1 hilft uns so, ohne viel Nachdenken einen ablehnenden Tonfall in der Stimme unseres Gesprächspartners zu erkennen. Bauchgefühl. Nicht logisch, aber meist hilfreich. System 2 kommt ins Spiel, wenn wir komplexe Aufgaben lösen müssen – die Steuererklärung ausfüllen oder eine Klausur schreiben. Das System 2 braucht mehr Zeit und mehr Energie. Darum setzen wir das System 2 nur ein, wenn es uns wirklich wichtig scheint. In den meisten Fällen vertrauen wir unbewusst auf das Funktionieren von System 1.

- *System 1 arbeitet schnell, intuitiv – und macht eher Fehler.*
- *System 2 arbeitet langsam, rational – und muss bewusst aktiviert werden.*
- *Beide können sich in ihren Ergebnissen widersprechen.*

Dan Ariely[7] belegt, dass wir meistens keine komplexen Überlegungen anstellen, wenn wir Entscheidungen treffen. Wir bedienen uns einfacher Erfahrungsgrundsätze (Heuristiken). Wir sparen so Zeit und Energie, auch wirkt alles weniger kompliziert. Und einfach ist immer gut. Menschen bevorzugen einfache Lösungen und Patentrezepte. Darum verhalten wir uns in vielen Situationen – berechenbar – irrational. Ein Beispiel ist das „Ankern". Stellen wir uns vor, dass Sie ein Haus kaufen wollen. Wenn Sie meinen, dass in der Wunschgegend eine Immobilie im Schnitt recht teuer ist (der Ankerpreis), sind Sie bereit, für dasselbe Haus mehr Geld zu bezahlen, als wenn Ihnen von Bekannten ein niedrigerer Preis als „üblich" genannt wurde.

- *Bei Entscheidungen bevorzugen wir einfache Heuristiken.*

Bauch über Kopf ist oft besser

Auch Gerd Gigerenzer betont die Bedeutung der „Bauchentscheidungen".[8] Gerade in schwer überschaubaren Situationen bewältigen wir auch komplexe Abläufe anhand weniger Kriterien. Er nennt das Bauchgefühl oder Intuition.
Gemeint ist damit etwas, das „rasch im Bewusstsein auf-
taucht, dessen tiefere Gründe uns nicht bewusst sind und
das stark genug ist, um danach zu handeln"[9]. Er propagiert
„die Intelligenz des Unbewussten und die Macht der Intuition". Gigerenzer stellt fest, dass wir gerade in schwer überschaubaren Situationen auch komplexe Abläufe anhand weniger Kriterien bewältigen. Nicht jede dieser Entscheidungen
ist richtig – es reicht allerdings, wenn wir in den meisten
Fällen richtigliegen. Wir wählen in vielen Fällen intuitiv Abkürzungen zur Entscheidung. Erfolgreiche Taschendiebe
können schnell und treffsicher das „geeignete Opfer" identifizieren. Erfahrene Zollbeamte finden den Drogenkurier ziel-
sicher aus einer Menge an Fluggästen heraus. Sie können
meist nicht erklären, wie das funktioniert, aber es klappt
recht gut. Expertenurteile gründen sich häufig auf solche
intuitiven Heuristiken, die sich aus der Erfahrung heraus-
bilden.

Laut Gigerenzer bewältigen wir gerade in unüberschaubaren
Situationen auch komplexe Abläufe besser anhand weniger
Kriterien. Zu viele Informationen verzögern eine Entschei-
dung oder machen sie sogar unmöglich. Wenn wir zu viele
Optionen prüfen, werden wir handlungsunfähig. Weniger ist
mehr. In einer ungewissen Welt können einfache Faustregeln
ebenso gut oder besser funktionieren als komplexe Regeln.
Erfolgreiche Intuition muss in einer komplexen Umwelt viele
Informationen außer Acht lassen – und zwar ohne langwieri-
ges Nachdenken. Darum fühlen wir uns mit einfachen und

schnellen Entscheidungen in der Regel auch besser. Wenn Menschen intensiv immer weiter nach einer vielleicht noch besseren Option suchen, sind sie trotzdem – oder deswegen? – mit ihrer Entscheidung weniger zufrieden als Menschen, die sich schnell mit einer ausreichend befriedigenden Alternative begnügen.

- *Mit schnellen einfachen Entscheidungen sind wir meist besser zufrieden.*

Komplexe Systeme überfordern unsere Intelligenz

Jeder Mensch bevorzugt klare einfache Vorgehensweisen und eindeutige Erfolgsmuster. Wir sind an das einfache Ursache-Wirkungs-Denken gewöhnt. Es fällt uns schwer, uns in unserem Handeln an den tatsächlich komplexen Zusammenhängen in unserer Umwelt und an den kybernetischen Wechselwirkungen innerhalb von und zwischen Systemen zu orientieren.

Einzelne Elemente in unserer Umwelt existieren nie für sich alleine und lassen sich auch nicht allein aus sich heraus begreifen. So ist Wasser weit mehr als die Atome von Sauerstoff und Wasserstoff. Sobald sie zusammenwirken, entsteht eine neue Qualität. Das Ganze ist mehr als die Summe seiner Teile. Eine Binsenweisheit und trotzdem wahr und wichtig. Die Eigenschaften eines Systems lassen sich nicht vollständig erfassen, geschweige denn steuern. Was immer wir entscheiden, ist auf irgendwelchen Ebenen „richtig", auf anderen aber immer „falsch".

- *Wir können Situationen nie vollständig erfassen.*
- *Darum ist unser Vertrauen in das Bauchgefühl gerechtfertigt.*

Bereits Veränderungen einzelner Elemente können vollkommen unterschiedliche und kaum oder gar nicht vorsehbare Auswirkungen auf das System haben. Systeme lassen sich wegen der grundsätzlich hohen Komplexität nicht vollständig verstehen und damit auch nicht verlässlich steuern.

Ein Beispiel für die Komplexität von Systemen sind Räuber-Beute-Systeme. Beispielsweise verändert sich die Population von Wölfen über die Jahre hinweg. In Kanada jagen sie bevorzugt Karibus, und ihre Zahl ist abhängig von der Zahl der Karibus. Diese wiederum sind abhängig von dem zur Verfügung stehenden Futter, und das wiederum wird vom Wetter beeinflusst. Der Mensch baut Erdölleitungen durch die Wildnis und beeinflusst seinerseits die Wanderrouten der Karibus. Das ist nur eine kleine Auswahl der Einflussfaktoren.

Alle Zusammenhänge zu erkennen ist unmöglich, dafür sind Systeme und wiederum mit ihnen verbundene andere Systeme zu komplex. Um trotzdem angemessen handeln zu können, müssen wir uns für einige wesentliche Variablen und Wechselwirkungen entscheiden. Es ist in der Regel erfolgreicher, dann nach der Methode von Versuch und Irrtum verschiedene Möglichkeiten auszuprobieren. Gerade das Wissen darum, dass es nie mehr als ein Versuch sein kann, erhöht die Bereitschaft, verschiedene Optionen auszuprobieren. Und dabei auf das Bauchgefühl zu vertrauen.

- *Einfacher ist besser.*
- *Dabei leiten uns Emotionen.*

In ihren Versuchen konnten Dietrich Dörner und Franz Reither[10] nachweisen, dass Menschen im Umgang mit Komplexität und Dynamik nicht besonders geschickt sind. Bei der Steuerung recht einfacher Simulationen (zum Beispiel Lohhausen, eine fiktive Kleinstadt, die von den Probanden als Bürgermeister regiert werden sollte) mit einer begrenzten Zahl an Variablen gelang es den meisten Teilnehmern nicht, die Situation stabil zu halten oder sogar zu verbessern. Teilnehmer bearbeiteten bevorzugt einzelne Bereiche (Klima – Elektroauto, Corona – Lockdown – haben Sie ein Déjà-vu?). Sie übersahen Wechselwirkungen und konnten die Verzögerung zwischen Aktion und Reaktion schlecht abschätzen.

Ute Reichert und Dietrich Dörner[11] haben ein einfaches Experiment durchgeführt. Es ging nur darum, die Temperatur eines Lagers auf eine bestimmte Größe einzuregeln. Zu beachten waren dabei die Außentemperatur und ein Verzögerungsfaktor. Nur diese beiden Parameter. Lediglich einer von fünf Teilnehmern des Versuchs war erfolgreich. Das Hauptproblem für alle war die zeitliche Verzögerung zwischen ihrem Eingriff und der Auswirkung der Manipulation. Unsere Wirklichkeit ist komplex. Es gibt eine Vielzahl miteinander vernetzter Anforderungen, Veränderungen sind dynamisch, es gibt unvorhersehbare Einflussfaktoren. Menschen können diese Komplexität nur schwer überblicken, geschweige denn sicher steuern.

Menschen suchen darum bevorzugt nach einfachen Lösungen, nach klaren Entscheidungen. Aus Erfolgen der Vergangenheit leiten wir Regeln für Zukünftiges ab.

- *Menschen machen typische Denkfehler.*
- *Das führt zu ungeeigneten Lösungen.*
- *Darum können wir Komplexität und Dynamik schlecht steuern.*

Die Entscheidung für den Erwerb von Monsanto durch die
Bayer AG[12] beruhte nach den Aussagen von Vorstand und
Aufsichtsrat auf Zahlen, Daten und Fakten, Tausenden von
Analysen und Studien. Gleichwohl endete der Kauf in einem
Desaster – die Medien sprechen von einem Scherbenhaufen.
Allein der Wertverlust der Bayer-Aktie übersteigt mittler-
weile den Kaufpreis für Monsanto.[13]

Viele Situationen lassen sich nur bewältigen, wenn wir bereit
sind, die Bedeutung von Emotionen für die „richtige" Entscheidung zu akzeptieren. Erkennen wir den Wert von Bauchentscheidungen und machen uns diese zunutze. Das Bauchgefühl ermöglicht uns, komplexe Situationen überhaupt erst
einzuschätzen. Selbst beim Gespräch mit nur einer weiteren
Person müssen wir über den Inhalt des Gesprochenen hinaus
auf die Körperhaltung, die Mimik, die Gestik, die Sprechweise und vieles mehr achten, um den Inhalt richtig einordnen zu können. Das ist mit einer rationalen Analyse nicht
möglich. Die Menge an zu verarbeitenden Daten würde aktuell noch alle KI-Systeme bei Weitem überfordern. Gleichwohl
gelingt es den meisten von uns in den meisten Alltagssituationen – auch mit mehreren Menschen – recht gut.

- *Auch scheinbar sachliche Entscheidungen sind immer von
  unseren Emotionen beeinflusst.*

Intuition dominiert unser Miteinander

Denken Sie an die Besetzung einer offenen Stelle. Natürlich müssen die in die engere Auswahl genommenen Bewerber bestimmte fachliche Anforderungen erfüllen und im Idealfall auch eines dieser Assessment-Center mit Präsentation und Interview erfolgreich absolvieren. Das sollte bei grundsätzlicher Eignung und ausreichender Vorbereitung für die meisten Kandidaten zu schaffen sein. Am Ende entscheiden wir uns dann doch wieder für die eine Person, bei der wir „ein gutes Gefühl" haben. Vielleicht war es sogar die Person, von der wir gleich am Anfang den besten Eindruck hatten. Der betreffende Mensch wird auf der Stelle dann auch vermutlich erfolgreicher agieren als jemand, den wir nur aufgrund sachlich-fachlicher Kriterien eingestellt haben.

- *Im Kontakt mit Menschen spielen Intuition und Bauchgefühl eine entscheidende Rolle.*

Das gilt gleichermaßen für unser intimstes Handeln. Das Internet bietet viele Möglichkeiten, den perfekten Partner kennenzulernen – von Tinder bis eDarling. Agenturen wie Parship oder ElitePartner setzen auf – wissenschaftlich entwickelte – Fragebogen, um die eine oder den einen Richtigen aus geschätzt sieben Millionen Singles für uns zu finden. Wenn wir allerdings eine Heirat als den „Erfolg" einer Partnerbörse definieren, sind die Agenturen erschreckend erfolglos. Maximal jeder Dritte ist von dem ausgewählten Partner ausreichend überzeugt. Obwohl es doch wissenschaftlich gesehen in jedem Fall ein perfekter Match war. Irgendetwas scheint zu fehlen. Vielleicht das „Kribbeln im Bauch"? Das kann der Fragebogen nicht erfassen.

- *Wenn wir auf unser Bauchgefühl hören, können wir uns in den meisten sozialen Situationen recht sicher bewegen.*

Intuitive, also vom Bauchgefühl getriebene Entschlüsse sind oft ökonomischer, schneller und besser als diejenigen, die nach intensivem Nachdenken getroffen werden. Menschen treffen an einem durchschnittlichen Tag bis zu 10 000 Entscheidungen. Das sind einfache wie die Frage nach dem Getränk zur Mahlzeit, aber auch so komplexe wie die Entscheidung für ein neues Auto. Wir können mit der chaotischen Vielfalt um uns herum nur halbwegs erfolgreich umgehen, weil wir in den meisten Fällen unbewusst entscheiden. Wir nutzen dazu Gewohnheiten und Gefühle, Erfahrungen aus anderen Situationen, Beispiele – kurzum, wir entscheiden meist irrational, ohne nachzudenken, und liegen damit meist ziemlich richtig.

- *Nur anhand unserer Gefühle und Gewohnheiten können wir im Alltag überhaupt entscheiden.*
- *Die wahren Ursachen für Bauchentscheidungen sind uns oft nicht bewusst.*
- *Das Gefühl ist allerdings meist stark genug, um danach zu handeln.*

Ohnehin bewegen wir uns in aller Regel in hochkomplexen Situationen, denen wir nicht vollständig gerecht werden können. Unsere Erwartungen an zukünftige Entwicklungen sind Postulate aus vergangenen – eigenen oder gelernten – Erfahrungen, die wir in die Zukunft fortschreiben. Solche Zuschreibungen sind meist linear und damit zu einfach für den tatsächlichen Handlungsraum, in dem wir uns bewegen. Statische und lineare Probleme können wir bei ausreichendem Wissen gut und sicher lösen – die Mehrheit ist allerdings zu komplex. Da wir nicht exponentiell denken können, machen wir – objektiv betrachtet – in den meisten Fällen Fehler. Uns fehlen Informationen, wir unterschätzen die Dynamik von Entwicklungen oder die Vernetzung von Parametern.

Unserer Intuition vertrauen

Andrew Campbell, Jo Whitehead und Sydney Finkelstein[14] haben untersucht, wann wir unserer Intuition trauen können. Die Autoren empfehlen vier Tests, um uns abzusichern:

1. *Bekanntheit: Waren wir schon einmal in einer vergleichbaren Situation? Wenn ja, dürfen wir unserem Gefühl trauen.*
2. *Feedback: Haben wir die Güte vergangener Entscheidungen überprüft? Am besten unabhängig. Lagen wir bisher (meist) richtig? Weiter so!*
3. *Emotionen: Sind wir durch – gute oder schlechte – Erinnerungen an ähnliche Situationen „vorbelastet"? Vorsicht! Euphorie und Trauma verzerren die Wahrnehmung.*
4. *Unabhängigkeit: Haben wir persönliche Interessen? Lassen Sie andere entscheiden oder holen Sie zumindest Rat ein.*

Einfach überzeugt emotional

Einfache Erklärungen finden wir überzeugender. Kurze linear und kausal aufgebaute Argumente wirken intuitiv richtig: komplex = falsch, einfach = richtig. Das „Trump-Prinzip" nutzt die drei Elemente überzeugender Botschaften:

Kurze lineare Argumente: Problem – Lösung – Plan – Ergebnis. Ein Beispiel aus dem ersten Wahlkampf des mittlerweile vom Wähler verjagten Trump: Problem: Drogen und Kriminalität. Lösung: Festnehmen und ausweisen, Einreise weiterer Übeltäter verhindern. Plan: Mehr Polizei, Mauer an der Grenze. Ergebnis: Alles wird besser.

- *Die unbedingte Reduzierung auf einfache Kernaussagen. Twitter wurde gerade wegen der Kürze von maximal 140 Zeichen erfolgreich.*

Emotionale Botschaften überzeugen: Beispiele, Bilder, Erlebnisse, Zitate. Die verheerenden Überschwemmungen (Juli 2021) verlangen den Politiker in Gummistiefeln vor Ort, um sich mitfühlend ein Bild von der Lage zu machen. Der Aufwand übersteigt den Nutzen für die Opfer bei Weitem. Die ganze Entourage von Bodyguard bis Medien bindet Ressourcen. Die Helfer können in der Zeit nicht weiterarbeiten. Ist das auch eine Art Katastrophentourismus? Nur weit aufwendiger? Wie auch immer, Baerbock, Dreyer, Merkel, Laschet, Scholz – alle kommen, schon wegen der Bilder für den Wahlkampf. Solidarität mit den Opfern muss man auch sehen können.

- *Emotional aufgeladene Botschaften sind erfolgreicher!*

Helden und Heldenreisen

Elizabeth Holmes war ein Star im Silicon Valley. Das Studium in Stanford hatte sie abgebrochen – eine wichtige Qualifikation. Sie hatte zudem eine einfache Geschäftsidee. Ein Gerät – „Edison" – sollte anhand der Analyse eines einzigen Tropfens Blut Krankheiten wie Aids oder Hepatitis diagnostizieren. Jeder sollte den Test in Eigenregie durchführen können. Mitglieder des Boards waren so wichtige Persönlichkeiten wie der frühere Außenminister Henry Kissinger. Alles großartig! „Theranos" wurde 2015 mit neun Milliarden US-Dollar bewertet. Nach kritischen Medienberichten musste Frau Holmes einräumen, dass alles nur Fiktion war.[15] Im Oktober 2017 ging Theranos in die Insolvenz. Der Strafprozess sollte am 13. Juli 2021 beginnen, musste aber wegen Holmes Schwangerschaft auf den August 2021 verschoben werden.

Lange Zeit wollte niemand wissen, wie es um Theranos und Edison wirklich stand. Schon für 2014 war ein Umsatz von 100 Millionen US-Dollar prognostiziert, erreicht wurden 100 000. Medizinische Experten warnten früh davor, dass es nicht klappen könne, weil zu viele Tests an einer Probe vermutlich falsch positive Resultate bringen würden, weil das Blut im Finger anders ist als das Blut aus einer Vene, weil … aber die Story von dem Wundergerät war zu gut.

- *Bauch schlägt Hirn.*
- *Wir lieben Helden.*
- *Recht hat, wer eine Geschichte erzählt.*

Grundlage solcher Erzählungen ist die klassische „Heldenreise": Das „Gilgamesch-Epos", die „Odyssee", „Beowulf" oder auch das „Rolandslied" sind nach diesem Muster gestrickt, das auch heute noch Hollywood-Filme erfolgreich macht. Auch im Marketing hat diese Heldenreise als starke Methode ihren Platz: Ein Held – oder eine Heldin, eine kurze Geschichte, Konzentration auf wenige Inhalte und „stark" bebildert. Der Inhalt wird als Metapher vermittelt und so spannend „erzählt", dass der Zuhörer teilnimmt. Die Erzählung arbeitet mit eindringlichen Bildern (Frau Holmes war gestylt wie Steve Jobs, sie brach wegen ihrer brillanten Idee das Studium ab, sie wollte die medizinische Diagnostik revolutionieren, also Gutes tun) und es gibt eine einfache Handlung (von einer Idee zum Weltunternehmen, eine der 100 einflussreichsten Frauen der Welt laut *Time*) – alles einfach, linear, emotional, hirngerecht. Keine komplizierten Erläuterungen, keine oder nur wenige Zahlen, Daten und Fakten. Was zählt, ist der Glaube an den Erfolg!

 Anmerkung: Henry Kissinger pennälerhaft schwärmend in seiner Laudatio für Elizabeth Holmes: "Tech visionary Elizabeth Holmes' is a story that could happen only in America. After her sophomore year she left Stanford to devote herself to a vision of health care available as a basic human right. When I was introduced to Elizabeth by George Shultz, her plan sounded like an undergraduate's dream. I told her she had only two prospects: total failure or vast success. There would be no middle ground.

Elizabeth accepted only one option: making a difference. Striking, somewhat ethereal, iron-willed, she is on the verge of achieving her vision – through a new method of blood testing that significantly reduces costs, tests for a whole range of infections and is mobile and can therefore be easily transported to underdeveloped regions. Striving for prevention and early detection, she is dedicated to transforming health care around the world. She manages an expanding global business by the refusal to be daunted by any obstacle. Elizabeth is in the process of turning an undergraduate's vision into a global reality. That she combines fierce and single-minded dedication

with great charm makes her a formidable advocate. Others
will judge the technical aspects of Theranos, but the social
implications are vast."[16]

Unser Held also hat ein Ziel. Am besten ein moralisches
Ziel – Regenwald retten, zum Beispiel. Das finden die meisten von uns gut. Oder das Klima. Oder gleich die ganze Welt,
wie Elon Musk das ständig tut. Elizabeth Holmes war auch
deswegen „glaubhaft", weil ihr Auftreten und ihr Verhalten
eine ziemlich gute Kopie einer Ikone waren – Steve Jobs. Das
erkannten die Investoren, das gab ihnen Sicherheit. In diesem Fall die falsche.

- *Die Heldenreise ist eine starke Methode.*

Unsere Vorliebe für Geschichten wird darum auch in der
Ausbildung gerne als Lernmethode eingesetzt. Business
Schools vermitteln ihren Studenten wichtige Inhalte in der
Verpackung einer Case Study. Erfunden wurde diese Methode an der Harvard Business School (HBS). Durch die Ver-
wendung von Geschichten wird die Arbeit mit dem Wissens-
stoff interessanter und pragmatischer. „These studies put
theory into action." Mit diesem Slogan wirbt die HBS für ihr
Produkt.

- *Geschichten und Bilder schaffen Wirklichkeit.*
- *Bilder und Geschichten bleiben in Erinnerung.*
- *Sie sind mit Emotionen verknüpft und darum intensiver.*

Philipp Maderthaner hat Sebastian Kurz in Österreich zweimal zum Wahlsieg verholfen. Er weiß, dass man Menschen
am besten durch starke Überzeugungen, durch Werte und
durch Zukunftsbilder erreicht. Für einen erfolgreichen Wahl-

kampf braucht es nach Maderthaner[17] nur drei C: Candidate, Campaign, Cause (Kandidat, Kampagne, Anliegen). Es muss nicht unbedingt ein Wahlkampf sein, aber wenn Sie andere Menschen überzeugen wollen, setzen Sie auf Emotionen.

- *Emotionen lenken Menschen.*
- *Wir entscheiden meist nach einfachen Regeln.*
- *Je einfacher, desto überzeugender.*
- *Unser Bauchgefühl – meist liegen wir damit richtig.*

Literatur

1 Nach Shaw, J.: *Das trügerische Gedächtnis*. München 2016

2 Barrett, L. F.: *Seven and a half lessons about the brain*. New York 2019

3 Zum Beispiel: Finlay, B. L.; Hinz, F.; Darlington, R. B.: *"Mapping behavioral evolution onto brain evolution: The strategic roles of conserved organization in individuals and species"*. *Philosophical Transactions of the Royal Society* 2011, Series B 366: 2111 – 2123, doi: 10.1098/rstb.2010. 0344. Nagarajan, R.; Clancy, B.; Darlington, R.; Finlay, B. L.: *"ttime: an R package for translating the timing of brain development across mammalian species"*. *Neuroinformatics* 2010, doi: 10.1007/s12021-010-9081-y

4 Mehr dazu z. B.: Cesario, J.; Johnson, D. J.; Eisthen, H. L.: *"Your Brain Is Not an Onion With a Tiny Reptile Inside"*. *https://journals.sagepub. com/doi/pdf/10.1177/0963721420917687* – abgerufen am 21. 07. 2021

5 Gerbert, F.: „Gefühlssache Geld". *Focus* 49 (2008), S. 110 – 114

6 Kahneman, D.: *Thinking, fast and slow*. London 2011

7 Ariely, D.: *Denken hilft, nützt aber nichts*. München 2015

8 Gigerenzer, G.: *Bauchentscheidungen*. München: 2007 Gigerenzer, G.: *Risiko*. München: 2013

9 ebda. S. 25

10 Dörner, D., Kreuzig, H. W., Reither, F. & Staudel, T.: *Lohhausen: Vom Umgang mit Unbestimmtheit und Komplexität*. München: 1994

11 Reichert, U. & Dörner, D.: *Heurismen beim Umgang mit einem „einfachen" dynamischen System*. Sprache & Kognition, 1988, 7, S. 12 – 24.

12 *https://www.sueddeutsche.de/wirtschaft/bayer-monsanto-vergleich-glyphosat-1.5306975* – abgerufen am 21.7.21. *https://www.dw.com/de/was-haben-sie-nur-aus-bayer-gemacht-herr-baumann/a-48503170* – abgerufen am 21.7.21

13 „Seitdem Baumann im Mai 2016 die Führung bei Bayer übernahm und den *Kauf von Monsanto* für 63,5 Milliarden Dollar vorantrieb, ist die Bayer-Aktie um über vierzig Prozent gefallen. Derzeit notiert das Papier unter 60 Euro. Im gleichen Zeitraum ist *der Dax* um etwa zwanzig Prozent gestiegen." *https://www.wiwo.de/unternehmen/industrie/es-laeuft-bei-bayer-wenn-nur-die-monsanto-uebernahme-nicht-waere/26061102.html* – abgerufen am 22.7.21

14 Campbell, A.; Whitehead, J.; Finkelstein, S.: *Think Again: Why Good Leaders Make Bad Decisions and How to Keep from It Happening to You*. Boston: 2009

15 Carreyrou, J.: *Bad Blood.* München· 2019

16 „Die Karriere der Technologie-Visionärin Elisabeth Holmes war so nur in Amerika möglich. Nach dem ersten Jahr brach sie ihr Studium in Stanford ab, getrieben von ihrer Vision: dem Menschenrecht auf Gesundheit. Als ich Elisabeth durch George Shultz vorgestellt wurde, klang ihr Plan für mich wie die Träumerei einer Studentin. Ich sagte ihr, dass es nur zwei Möglichkeiten gab: gänzliches Scheitern oder ein riesiger Erfolg. Keine Kompromisse.

Für Elisabeth gab es nur eins: radikale Veränderung. Auffallend, irgendwie ätherisch, mit eisernem Willen, steht sie kurz davor, ihre Vision zu verwirklichen – durch eine neue Methode für Bluttests: zu deutlich geringeren Kosten, für eine ganze Reihe von Erkrankungen. Die Tests sind mobil und eignen sich darum auch für unterentwickelte Regionen. Das Ziel ist Früherkennung und Prävention, Elisabeth will das Gesundheitssystem weltweit revolutionieren. Sie leitet ein wachsendes globales Unternehmen und lässt sich dabei von keinem Hindernis aufhalten. Elisabeth verwirklicht den Traum einer Studentin – in globalem Rahmen. Sie verbindet verbissene und fokussierte Hingabe mit viel Charme, das macht sie zur überzeugenden Verfechterin ihrer Idee. Andere mögen die technologischen Aspekte von Theranos beurteilen, die sozialen Auswirkungen jedoch sind gewaltig."

17 Mayer, W. & Neukirch, R.: Sie brauchen keine Facebook-Fuzzis. *Der Spiegel*, 41, 5.10.19

2

Einfach cool – damit Sie „richtig" Eindruck machen

Erste Eindrücke haben oft etwas Richtiges an sich.
Robert Musil, Schriftsteller

2

Einfach cool – damit Sie „richtig" Eindruck machen

- Der erste Eindruck prägt das Miteinander.
- Wir wirken mit allen Elementen unseres Auftritts.
- Fallen und Lügner erkennen wir schlechter, als wir glauben.

„Bei ihrem Auftritt trug sie: einen gelben Mantel, so leuchtend wie die Sonne, in Kombination mit einem roten Haarreif, der optisch geradezu feierlich glühte."[1] Untermalt durch aussagekräftige Gestik las Amanda Gorman ihr für diesen Anlass verfasstes Werk „The Hill We Climb" vor. Das war bei der Amtseinführung von Joe Biden am 21. Januar 2021. Nach fünf Minuten und 30 Sekunden beendete sie ihren beeindruckenden Vortrag. Für „Amanda Gorman" werden aktuell in der Google-Suche ungefähr 10 800 000 Ergebnisse angezeigt (Stand Juli 2021[2]). Das Gedicht wäre immer noch fantastisch gut, aber ohne die Kleidung und ohne die starke Gestik wäre das Medienecho auf Amanda Gormans Auftritt bei der Amtseinführung von Präsident Joe Biden vielleicht nur halb so stark ausgefallen.

Von Beginn an punkten – der erste Eindruck

Kurz und schnell, und doch von großer Wirkung – der erste Eindruck. In Sekundenbruchteilen machen wir uns ein Bild von anderen Menschen. Unsere subjektive Gegenwart beträgt jeweils drei bis vier Sekunden, dann schaltet das Gehirn um.[3] „Aufmerksamkeit" ist der „Mechanismus", der die aktuell wichtigen Informationen identifiziert. Nach dem ersten Eindruck steht unser Urteil über eine andere Person (weitgehend) fest. Viel hängt von der Klarheit der Signale ab: Deutliche Signale werden früher und besser wahrgenommen, ein dominantes Signal kann alle anderen überstrahlen. Diese Person wird dann nach diesem einen Merkmal beurteilt. Bei einem Mangel an klaren Signalen werden Sie als „langweilig" eingestuft. Der Beobachter braucht zu lange, um sich ein Bild zu machen.

Das Gleiche gilt übrigens für Musik: Die Aufmerksamkeitsspanne für Musik (auf Spotify) beträgt nach einer aktuellen Studie maximal drei Minuten. Nach acht Sekunden haben wir entschieden, ob wir das ganze Stück hören wollen. Das hat Folgen für die Form: Jedes Musikstück muss sofort fesseln, ohne Intro, schnell einsetzender Refrain.[4]

Der erste Eindruck entsteht spontan und weitgehend unbewusst. Er beruht auf Vor-Urteilen als Mix aus unserer bisherigen Erfahrung, Stereotypien, Prägungen in unserer – sozialen – Umwelt und natürlich auch aus situativen Elementen. Wir entscheiden blitzschnell, was von dem anderen zu halten ist. Anhand des Erscheinungsbildes schließen wir auch auf tiefer liegende Eigenschaften wie Ehrlichkeit oder Intelligenz. In Abhängigkeit von dieser Wahrnehmung richten wir unser weiteres Verhalten im Kontakt mit diesem Menschen aus.

- *Der erste Eindruck entsteht in wenigen Sekunden.*
- *Der erste Eindruck bestimmt unseren weiteren Kontakt mit anderen.*

Zuerst sehen wir: Körperhaltung, Gesichtsausdruck, Gestik, Mimik, Kleidung. Dann hören wir: Stimme und Sprechweise. Inhalte spielen zunächst keine Rolle. Lachen wird als Freundlichkeit interpretiert, Blickkontakt und ruhige Gesten etwa als Selbstsicherheit. Flüssiges Sprechen erweckt den Eindruck von Klugheit, lauteres Sprechen trägt zum Eindruck von Selbstsicherheit bei. Klar erkennbare Attribute wie das Alter, das Geschlecht und die Attraktivität spielen ebenso eine Rolle. Noch innerhalb der ersten Minute überprüfen wir – unbewusst – unseren „allerersten" ersten Eindruck. Dabei suchen wir bevorzugt nach Bestätigung.

Hier erleben wir den Primacy Effect (Primäreffekt) in Aktion: Früh aufgenommenen Informationen schreiben wir größere Bedeutung zu. Der Grund ist unser Bedürfnis, Unsicherheit in neuartigen Situationen schnell zu verringern (Need for Closure).

- *Primacy Effect: Früh wahrgenommene Merkmale prägen unsere Einschätzung in besonderem Maße.*

Verstärkt wird dieser Effekt durch die als „Change of Meaning" bezeichnete Verhaltenstendenz: Wenn Menschen sich erst einmal ein Bild von einer anderen Person gemacht haben, interpretieren sie später erlangte Informationen bevorzugt im Sinne dieses (ersten) Eindrucks.

- *Der erste Eindruck ist entscheidend.*
- *Wir achten bevorzugt auf deutliche Signale.*
- *Gut sichtbare Merkmale überdecken alles andere.*
- *Früh wahrgenommene Merkmale sind wichtiger.*
- *Ähnlichkeit wirkt positiv.*

Machen Sie sich die besondere Wirkung des ersten Eindrucks zunutze: Senden Sie klare Signale. Das Äußere lässt sich gezielt stylen, Ihr Verhalten sollen Sie bewusst gestalten.

Laschet lacht – und bemüht sich um Schadensbegrenzung.[5] Was war passiert? Der Ministerpräsident von Nordrhein-Westfalen und aktuelle Kanzlerkandidat der CDU im Wahlkampf war am 18. Juli 2021 gemeinsam mit dem Bundespräsidenten in Erftstadt, um sich die Lage nach den katastrophalen Überschwemmungen anzusehen. Statt 110 Prozent der Zeit ernst zu schauen, gab es einen Moment, in dem Armin Laschet lachte. Menschlich, aber unklug. Das Bild dieses Augenblicks der Gelöstheit verbreitete sich in Sekundenschnelle im Netz, und alle Welt war überzeugt, dass er die schlimme Lage im Katastrophengebiet unmöglich ernst nehmen könne. Die Bilder – oder vielmehr das Bild – sorgten für Empörung.

Ein Bild, ein Moment, eine Geste, eine unbedachte Äußerung: Der Halo-Effekt[6] beschreibt den besonderen Einfluss einzelner hervorstechender Ereignisse oder Merkmale. Wenn jemand mit fester dunkler Stimme spricht, werden wir ihn vermutlich auch für selbstsicher halten. Wenn jemand mit fahrigen Handbewegungen ein Wasserglas umwirft, halten wir ihn generell eher für ungeschickt. Diese Verbindungen sind fest in unserem System zur Verarbeitung von Wahrnehmungen verankert.

- *Halo-Effekt: Einzelne Merkmale überlagern alle anderen.*
- *Machen Sie sich den Halo-Effekt zunutze: Setzen Sie gezielt auf einzelne starke Signale.*
- *Recency-Effekt: Der letzte Eindruck bleibt.*

Der Recency-Effekt ist gewissermaßen die noch fehlende Hälfte zum Primacy-Effekt. Er besagt, dass die letzten Informationen besser erinnert werden und damit stärker wirken als früherer Input. Wie bei einem guten Rotwein ist also der Abgang entscheidend. Auch deswegen sind die ersten und die letzten Sätze einer Mail, Start und Ende einer Präsentation oder Begrüßung und Abschied in einem Gespräch von prägender Bedeutung für das Ganze.

Top-Tipps für den ersten Eindruck

- *Lächeln Sie! Lächelnde Menschen mögen wir lieber. Wir erinnern uns besser an die Begegnung.*
- *Duften Sie, aber dezent. Unsere Nase entscheidet (mit), ob wir jemanden mögen – oder gar nicht.*
- *Halten Sie sich gerade und aufrecht. Arme zur Seite. Stabil und offen wirkt positiv.*
- *Langsame(re) kontrollierte Bewegungen vermitteln den Eindruck von (Selbst-)Sicherheit.*
- *Begrüßen Sie mit festem Händedruck, drei bis vier Sekunden. Das wirkt (zumindest „vor Corona").*
- *Blickkontakt ist wichtig – das zeigt Interesse, Sie wirken gleich sympathischer. Länger als „die drei Sekunden" erzeugt leicht Unbehagen.*
- *Ähnlichkeit erzeugt Sympathie – kleiden Sie sich passend.*
- *Setzen Sie ein oder zwei Akzente bei der Wahl Ihres Outfits.*

- *Unsere Stimme ist maßgeblich für unsere Wirkung auf andere – „volle" Stimmen finden wir angenehm.*
- *Sprechen Sie klar artikuliert, achten Sie auf Sprechpausen.*
- *Wenn Sie das richtig machen, machen Sie einen guten Eindruck – garantiert.*

Das Auge hört mit – Körpersprache von Haltung bis Dresscode

- *Körpersprache spielt eine wichtige Rolle.*
- *Gute (!) Körpersprache können Sie trainieren.*
- *Wenn Sie richtig verstanden werden wollen – senden Sie klare Botschaften.*

Mit einem sommerlichen Schnappschuss begeistert Nova Meierhenrich[7] ihre über 55 000 Abonnenten bei Instagram. Die Moderatorin teilt ein Bild von sich, das ihre knackige Kehrseite im Bikini in Szene setzt. Zu dem Bild schreibt die Ü-40-Schönheit: „Ich geh meinen Weg" und setzt mit einigen Hashtags noch ein Zeichen für „#Bodypositivity".

Der äußere Schein ist zentral dafür, wie wir andere Menschen einschätzen. Wir achten immer zuerst auf visuelle Signale. Körpersprache ist all das, was wir an anderen Menschen sehen können – das Aussehen, der Blickkontakt oder die Gestik.

Spieglein, Spieglein ... – Schönheit macht sich bezahlt

Sehen Sie gut aus? Glückwunsch! Dann sind Sie klar im Vorteil! Andere müssen nachhelfen: Im Jahr 2019 gab es Deutschland knapp 400 000 Schönheitsoperationen[8] – von Brustvergrößerungen durch Implantate über den Hals-Stirn-Facelift oder den Mommy Makeover bis zum Brazilian Butt Lift, der nicht selten lebensgefährlichen Po-Vergrößerung mittels Eigenfett.

Schöne Menschen haben es im Leben einfacher. Sie werden für intelligenter gehalten und auch für sozial kompetenter. Immer gemessen am durchschnittlich aussehenden Durchschnitt. Etwas größer ist auch gut, und man sollte heutzutage fit und sportlich aussehen.

Die meisten Menschen sind sich einig, wen sie für schön halten. Männer und Frauen finden symmetrisch gebaute Körper schöner. Männlich attraktiv finden Frauen größere Männer mit breiten Schultern und schmaler Taille. Die Gesichtszüge dürfen gerne ein wenig „markant" sein, beispielsweise mit einem kantigen Kinn. Trotz aller Emanzipation mögen es die meisten Frauen lieber, wenn der Mann sie überragt. Brad Pitt und Hugh Jackman werden von vielen Frauen als solche „Musterexemplare" bewertet. Männer finden an Frauen schmalere Schultern und längere Beine schön. Sie „fliegen" auf ein harmonisches Gesicht mit großen Augen und vollen Lippen. Beispiele sind Penélope Cruz oder Sophie Marceau.[9] Ein symmetrischer Körperbau weist bei beiden Geschlechtern „rein biologisch" auf gute Gesundheit und dementsprechend gute Möglichkeiten zur Fortpflanzung hin. Biologie schlägt Bewusstsein.

- *Es gibt universelle Kriterien für Schönheit.*

In einer umfangreichen Studie mit dem schönen Titel *Beauty Pays* weist Daniel S. Hamermesh[10] nach, dass attraktive(re) Menschen bei Einstellungen bevorzugt werden, dass sie bessere Arbeitsergebnisse bescheinigt bekommen und auch besser bezahlt werden. Wenn jemand kompetent und überlegen aussieht, hat er den größten Teil des Wegs zum Ziel schon zurückgelegt.

Das beginnt früh im Leben: Eltern beschäftigen sich weniger mit ihrem Baby, wenn es weniger „süß" aussieht. Kinder, die stärker dem Kindchenschema entsprechen, steigern die Bereitschaft zu fürsorglichem Verhalten.[11] Je mehr Kindchenschema, desto mehr „süß". Große runde Augen („Kulleraugen"), eine kleine Nase und ein rundes Kinn sind solche Schlüsselreize. Das funktioniert im Übrigen auch bei Tieren und sogar bei gezeichneten fiktiven Charakteren, zum Beispiel in Mangas. Hübschere Kinder bekommen in der Schule bessere Noten und bei Fehlverhalten geringere Strafen.

- *Gutes Aussehen verschafft (auch) berufliche Vorteile.*

Glückwunsch, wenn Sie von Natur aus schön sind. Damit Sie es bleiben, achten Sie auf sich: Gesunde Ernährung, Sport und Körperpflege sind für jeden gute Möglichkeiten, am Aussehen zu arbeiten. Ran an den Speck! Meist fühlt man sich dann auch einfach besser – und das wiederum strahlen Sie in Ihre Umgebung ab!

Ihr Standpunkt ist gefragt – Haltung und mehr

„Die Staats- und Regierungschefs der G7 posieren zum Start des Gipfels im britischen Cornwall"[12] so (oder ähnlich) lautete die Unterschrift zu einem in vielen Medien veröffentlichten Foto. Doch einfaches „In-der-Gegend-Rumstehen" will offensichtlich gekonnt sein. Die Merkel-Raute und ihre halbherzige Imitation durch Frau von der Leyen wirken eher unglücklich. Ebenso wie Boris Johnson, der mit den Händen hinter dem Rücken das Bild eines unwilligen Schülers abgibt, der gleich vom Direktor gemaßregelt wird. Auch Justin Trudeau steht arg breitbeinig auf dem Flügel der Truppe und weiß nicht so recht, wohin mit seinen Händen.

Wenn Sie einen Standpunkt einnehmen, vermitteln Sie Aufmerksamkeit, Konzentration und Selbstbewusstsein. Joseph „Joe" Robinette Biden machte an dem Tag so ziemlich alles richtig: Die Füße mit der ganzen Fußfläche auf dem Boden, etwa eineinhalb bis zwei Fußbreit auseinander, parallel gestellt. Damit haben Sie nebenbei auch den sichersten Stand: Ihr Schwerpunkt liegt in der Körpermitte. So stehen Sie ruhig und gut ausbalanciert. Stehen Sie aufrecht und lassen Sie die Arme locker am Körper herabhängen. Nehmen Sie die Schultern leicht zurück. Mario Draghi kann es übrigens auch. Richtiges Stehen ist gar nicht so einfach, wie man denken sollte. Man kann das allerdings üben.

Wenn Sie auf der Stelle treten, wird man das meist als ein Zeichen von Unsicherheit oder Ungeduld bewerten. Das wollen Sie nicht – lassen Sie also beide Füße am Boden! Sie werden sich dann auch ruhiger fühlen. Wenn Sie an einem Rednerpult stehen, legen Sie nur die Fingerspitzen oder einen Teil der Handfläche auf das Pult, halten Sie den Oberkörper locker und aufrecht. Nicht aufstützen! Sie können dann leichter gestikulieren. Mit aufgerichtetem Oberkörper können Sie übrigens auch besser atmen, das kommt der Stimme zugute.

- *Guter Stand = sicher, aufmerksam, selbstbewusst.*
- *Bei Reden locker und aufrecht stehen – auch hinter dem Pult.*

Machen Sie es beim Sitzen ähnlich: die Füße leicht ausein
ander auf dem Boden, fest auf der Sitzfläche, Oberkörper aufrecht, wenn es einen Tisch gibt, die Hände auf der Tisch-
fläche. Wenn Sie keinen Tisch haben, schlagen Sie am besten
ein Bein über das andere und lehnen sich an, nicht zurück.
Der aufrechte Oberkörper signalisiert Aufmerksamkeit.

Ein Abstand von etwa einer Armeslänge (in unserem kulturellen Kontext) wird von den meisten Menschen erwartet
und geschätzt. In Corona-Zeiten hat sich der Abstand auf ein
Meter 50 oder sogar zwei Meter erhöht. Einer einzelnen Person wenden Sie sich ganz zu, das signalisiert Interesse und
schafft gleichzeitig Aufmerksamkeit. Achten Sie auf den
Blickkontakt. Bei mehreren Personen stehen Sie so zu den
anderen, dass Sie alle anschauen können.

Wenn Sie vor einer Gruppe stehen, beispielsweise bei einer
Ansprache, stehen Sie am besten in einem Winkel von etwa
40 Grad zur ersten Reihe. So werden Sie von allen gut gesehen und gehört. Bei Bewegungen im Raum unterstreichen
Sie den Eindruck von Selbstbewusstsein mit dem Gang: Gehen Sie aufrecht und kraftvoll, mit dynamischen Bewegungen. Wenn Sie über einen Flur gehen, gehen Sie eher in der
Mitte. Auch das vermittelt den Eindruck größerer Selbstsicherheit.

- *Richten Sie Ihre Position auf die (Ansprech-)Partner aus.*
- *Aufrechter sicherer Gang unterstreicht den Eindruck von
  Selbstbewusstsein.*

Power Posing – Geheimtipp oder gut verkaufter Unfug?

Amy Cuddys Video auf YouTube[13] wurde zigmillionenfach angeschaut. Sie hatte nämlich eine Heilsbotschaft zu verbreiten: Power Posing – wer „richtig" steht, gestikuliert und mehr, der fühlt sich nicht nur mächtiger, der wird es. Belegt hat sie das – in ihren Augen – mit einer genial einfachen und fantastisch aussagekräftigen Studie[14]: Power Posing, das Einnehmen machtvoller Posen wie die Hände auf den Hüften – sollte sich auf den Testosteronspiegel (und andere Hormone) ebenso auswirken wie auf das Verhalten. Schon zwei Minuten langes Power Posing und Sie sind besser drauf, machtvoller und mutiger.

An dem Ganzen ist nichts dran. Reines wissenschaftliches Power Posing, das dem Verkauf von Büchern und dem Besuch von Vorträgen immens gutgetan hat. Zu einfach gedacht, nicht replizierbar, diese simple Verbindung zwischen Hormon und Verhalten, Körpersprache und grundlegender Veränderung mag man sich wünschen, in der Wirklichkeit findet sie sich nicht. Zudem war die Studie nur mit 46 Versuchspersonen durchgeführt worden – gerade akzeptabel als Grundlage, um zu schauen, ob an dem Thema genug dran ist, um es in gut fundierten Studien weiterzuverfolgen.

Eine Metaanalyse vergleichbarer Forschungen hat ergeben, dass es einen gewissen Einfluss von Körperhaltungen auf das Befinden gibt.[15] Anders als von Frau Cuddy und Co behauptet, gibt es allerdings gerade keinen Nachweis eines Zusammenhangs zwischen expansiver Körpersprache – Power Posing – und dem Befinden der Person.

Also (leider?) nur ein Marketing-Gag, von dem Frau Cuddy gut profitiert hat. Wie so oft hat sich wieder einmal ein einfaches Patentrezept als bloße Marketingmasche erwiesen. Menschen funktionieren nicht so einfach.

Schau mir in die Augen – Blickkontakt und Mimik

Am 28. Juni 2019 traf Angela Merkel auf Donald Trump – und war offensichtlich leicht irritiert. Den oppositionellen Demokraten „warf der Präsident vor, ‚illegalen Einwanderern' zu einer Krankenversicherung verhelfen zu wollen. Bei bilateralen Treffen von Staats- und Regierungschefs sind solche innenpolitischen Exkurse eigentlich unüblich. Merkel vermied während dieser Ausführungen konsequent den Blickkontakt mit Trump."[16]

- *Der Blickkontakt ist ein besonders wichtiger Teil unserer Körpersprache.*

Die meisten Informationen über unsere Umwelt nehmen wir mit den Augen auf. Wenn uns eine Person interessiert, schauen wir sie an. Wenn uns jemand anschaut, signalisiert er damit sein Interesse. Selbst ein Augenpaar auf einem Bild wirkt.

Die Wirkung des Blickkontakts hängt von der Dauer und der Frequenz ab. Je länger uns jemand anschaut, desto mehr Interesse – und Akzeptanz – nehmen wir wahr. Besonders angenehm wirkt der Blickkontakt, wenn er etwa drei bis fünf Sekunden dauert. Viele Personen reagieren darauf mit einer – unbewussten – Weitung ihrer Pupillen. Dem Gegenüber signalisiert das Interesse und Sympathie. Pupillen weiten sich unbewusst, wenn wir Freude empfinden, ebenso, wenn wir sexuell erregt sind.

Sowohl zu kurzen als auch zu lange anhaltenden Blickkontakt empfinden wir als unangenehm. Zu kurz deuten wir als Mangel an Interesse oder in kritischen Situationen als

Schuldgefühl. Zu lang wird häufig als Kräftemessen empfunden. Die beste Wirkung erzielen Sie, wenn Sie andere
Personen etwa zwei Drittel der Zeit anschauen, Ihren Blick
allerdings von Zeit zu Zeit wandern lassen. Sind mehrere
Menschen anwesend, verteilen Sie Ihre Aufmerksamkeit
gleichmäßig auf alle.

- *Entscheidend für den „guten" Blickkontakt sind Dauer und
  Frequenz.*
- *Als „gut" empfinden wir etwa drei bis fünf Sekunden Dauer
  und etwa zwei Drittel der ganzen Zeit.*

Im Übergang von den Augen zum Gesicht als Ganzem scheinen unsere Augenbrauen eine besondere Rolle zu spielen.
Aktuelleren Forschungen nach zu urteilen ist die obere Ge-
sichtshälfte, speziell unsere Augenbrauen, wichtiger für die
Übermittlung von Gefühlen wie Ärger, Glück oder Abscheu.[17]
Auch bei der Identifikation von Gesichtern sind sie wichtiger
als die Augen selber: Versuchspersonen sollten bekannte Gesichter identifizieren. Mit verdeckten Augenbrauen lagen sie
deutlich häufiger falsch als mit verdeckten Augen.

- *Die Augenbrauen sind wichtig für das Erkennen von
  Gesichtern.*
- *Sie spielen eine wichtige Rolle bei der Identifikation von
  Emotionen.*

Das Gesicht hat für den zwischenmenschlichen Kontakt eine
besondere Bedeutung. Gesichter erregen bereits bei Neu-
geborenen besondere Aufmerksamkeit. Menschliche Mimik
kann sehr lebendig sein. Unter allen Spezies ist sie mit Abstand die ausdrucksstärkste. Darum ist sie auch so bedeut-
sam für unsere Einschätzung anderer Menschen. Mimik (und

Gestik) nehmen den Löwenanteil unserer nonverbalen Kommunikation ein. Wir fühlen uns im Kontakt meist wohler, wenn wir das Gesicht unserer Gesprächspartner sehen können. Zoom over Phone! Nur bei schlechten Nachrichten ist uns lieber, wenn wir den anderen nicht anschauen müssen.

Paul Ekman ist seit Jahrzehnten einer der einflussreichsten Wissenschaftler auf dem Gebiet der Mimik. Zusammen mit Wallace Friesen schuf er in den 1970er-Jahren das Facial Action Coding System.[18] Damit lassen sich Gesichtsausdrücke eindeutig beschreiben – mit 46 „Action Units" (Bewegungen einzelner oder mehrerer Muskeln) in jeweils fünf unterschiedlichen Ausprägungsstärken. Dieses System basiert darauf, dass menschliche Mimik weitgehend universell ist. Ekman und Friesen identifizierten durch ihre Forschungen die Basisemotionen Freude, Trauer, Ärger/Wut, Ekel, Überraschung und Angst. Diese Emotionen werden von allen Menschen im Wesentlichen gleich ausgedrückt. Bei anderen Menschen können wir darum Gefühle recht gut erkennen und interpretieren. Alle anderen Gesichtsausdrücke sind aus diesen Basisemotionen zusammengesetzt.

- *Menschliche Mimik ist sehr ausdrucksstark.*
- *Mimik entsteht aus wenigen Basisemotionen.*

Ekmans System wurde lange nicht einer kritischen wissenschaftlich fundierten Überprüfung unterzogen. Manches deutet auf Schwächen hin: So legen neuere Forschungen nahe, dass Angst und Überraschung sowie Ekel und Ärger durch den Einsatz identischer Muskeln ausgedrückt werden.[19] Vielleicht gibt es also nur vier Basisemotionen. Auch gibt es mittlerweile Systeme mit „künstlicher Intelligenz", die aufgrund der von Ekman definierten Mikroexpressionen Menschen – besser als andere Menschen – einschätzen sollen – in Bewerbungssituationen oder auch zur Identifikation von Schmugglern. Alle erhältlichen Informationen zu diesen Systemen deuten darauf hin, dass die Trefferquote miserabel ist.

Wir erwarten, dass die Mimik unseres Gegenübers die aktuelle Situation reflektiert – ernst in schwierigen Situationen, sonst gerne freundlich. Lächeln ist die stärkste Waffe in Ihrem Arsenal. Wenn Sie freundlich lächeln, ist die Wirkung auf andere Menschen und auf Sie selber positiv. Lächeln entspannt und stimmt freundlich. Sie wirken angenehmer, wenn Sie lächeln. Ärgerliche Gesichtsausdrücke führen auch beim „Nutzer" zu messbaren Stressreaktionen im autonomen Nervensystem, schnellerem Pulsschlag und leicht erhöhter Körpertemperatur. Auch bei seriösen Themen ist hin und wieder ein Lächeln erlaubt – allerdings kein Dauergrinsen.

Der 8. Mai ist in China übrigens der „Welttag des Lächelns". In China wird das richtige Lächeln für Flugbegleiter, Touristenführer, Krankenpfleger und sogar für Polizisten mit einem Essstäbchen zwischen den Zähnen trainiert.[20] Auf diese Weise sollen besonders diejenigen Gesichtsmuskeln trainiert werden, die für das perfekte Lächeln wichtig sind.

- *Lächeln entspannt – Sie und andere.*
- *Unsere Mimik ist sehr ausdrucksstark.*
- *Eine besondere Rolle spielt der Blickkontakt.*
- *Bewegte Mimik finden wir sympathischer.*

Gesichter lesen, Persönlichkeit entschlüsseln, Lügen erkennen – geht das?

„Den Gesichtscode sicher entschlüsseln – im Gesicht lesen, wen Sie vor sich haben – machen Sie den Augen-Scan zum Erfolgsfaktor." Selbst ernannte Gurus versprechen, dass Sie nach – natürlich teuren – Trainingsmaßnahmen genau wissen, wer Ihnen da gegenübersteht. Vermittelt wird das von einer vorgeblichen Professorin, die nach eigener Aussage die tibetische Augendiagnose und das arabische Fußlesen beherrscht. Wahlweise können Sie sich auch von einem Gesichtsleser unterrichten lassen, der die Studien der Antlitzdiagnostik mit südamerikanischen Gesichtslesemethoden verbindet. Je exotischer, desto besser. Oder Sie lernen von einer „Personalerin", die über Erfahrungen aus zwölf Jahren im Beruf verfügt und zusätzlich über Kenntnisse des „Insights MDI"[21] (Experten bescheinigen, dass Insights unbrauchbar ist und jeder empirische Beleg fehlt). Face Reading ist in letzter Zeit recht populär und wird von etlichen Anbietern, auch solchen mit sonst seriösen Themen, offeriert. Sie können sich dann von einem als Ex-Profiler des FBI verkauften Autor und Referenten darüber informieren lassen, wie Sie „todsicher" die Körpersprache anderer Menschen entschlüsseln.[22] Oder Sie zahlen viel Geld an eine Charakter-Profilerin, die sich als Pädagogin und Psychologin vermarktet, obwohl Sie keinen akademischen Abschluss vorweisen kann. Sie behauptet, Personen schon in drei Minuten anhand von Körperform, Frisur oder Brillentyp „lesen" zu können.[23]

Auch Film und Fernsehen („Lie to me") vermitteln dem Zuschauer, dass es möglich ist, nur durch genaues Beobachten Lügner zu entlarven. Viele Menschen scheinen daran zu glauben. Die Wirklichkeit ist anders: Es gibt keinerlei wissenschaftlich fundierte Belege dafür, dass man den Charakter eines Menschen anhand seines Gesichts erkennen könnte.

Das stellt Alexander Todorov, Professor an der US-amerikanischen Elite-Universität Princeton, fest.[24] „Zahlreiche Metaanalysen zeigen, dass die Entlarvung von Lügnern nur knapp über der Ratewahrscheinlichkeit liegt und sich auch kaum trainieren lässt", erklärt auch Oliver Wilhelm, Professor für Diagnostik an der Universität Ulm.[25] Face Reading und ähnliche Veranstaltungen sind bloßer Humbug, verkaufen sich aber prima – wie viele andere Patentrezepte. Deshalb: Die Körpersprache anderer Menschen kann man nur schwer richtig deuten. Melissa A. Menasco, Mark G. Frank und Maureen O'Sullivan haben einen Überblick über die vorliegenden Untersuchungen zur Interpretation von Körpersprache veröffentlicht. Darin stellen sie zusammenfassend fest, dass die Entdeckung von Täuschung meist scheitert: „Wir finden keinen für Täuschungen typischen Hinweis oder ein Muster von Hinweisen [...]. Generell sind Verhaltensmerkmale begrenzt geeignet, um Täuschungen zu erkennen."

 Im Original: "We find that there is no clue or clue pattern that is specific to deception [...]. In general, behavioral clues are only limited in their ability to identify deception. [...] Researches that examined unselected professionals involved in security settings – police, federal agents, and so forth – have typically found that they too are not any more accurate in their abilities to spot deception than laypeople."[26]

Auch Profis sind keineswegs treffsicherer als Laien: „Versuche mit zufällig ausgewählten Sicherheitsprofis – Polizei, Bundesagenten usw. – haben ergeben, dass sie nicht besser als Laien in der Entdeckung von Täuschungen waren", so die drei Wissenschaftler. Diese Aussagen werden durch Ergebnisse Ekmans gestützt: „Verhaltensmerkmale in Gesicht, Körper, Stimme oder der Art zu sprechen, sind für sich genommen keine Anzeichen für eine Lüge."[27] (Im Original: "The behavioral clues in face, body, voice, and manner of speaking are not signs of lying per se.")

In einer Studie mit einem Team von Forschern in 58 Ländern wurden 2 300 Menschen aufgefordert, anzugeben, woran sie eine Lüge erkennen. Zwei Drittel waren der Meinung, dass ein Lügner einem nicht in die Augen schauen kann. Jeder Dritte gab weiter an, dass Lügner nervös wirken würden. Ein Viertel berichtete von fahrigen Gesten, ein Viertel von bestimmten anderen Gesten, ein Fünftel von Zeichen der Mimik und sprachlichen Ungereimtheiten. Ein Fünftel war der Meinung, dass Lügner Füllwörter wie „äh" benutzen, häufig Pausen machen oder erröten. Empirisch sind all diese Glaubenssätze nicht zu bestätigen.[28]

Diese Aussage stützt Dr. Günter Köhnken, emeritierter Professor für Rechtspsychologie. Vor Gericht beurteilt er regelmäßig die Glaubwürdigkeit von Zeugen. Er stellt fest: „Anders als die meisten Menschen glauben, gibt es keinen Zusammenhang zwischen Täuschung und nonverbaler Kommunikation, also Mimik und Gestik."[29] Clevere Trickser kommen meist mit ihrer Masche durch. Auch gut geschulte und erfahrene Polizeibeamte entlarven nur etwa die Hälfte aller Lügner – das entspricht dem Zufall. Lügen können wir in der Regel nicht erkennen.

Nicht einmal mit „Lügendetektoren" kann man Lügen erkennen. Der Polygraf misst Veränderungen im Erregungspotenzial – etwa der elektrischen Leitfähigkeit der Haut. In der Theorie erkennt man Lügner bei geschicktem Fragen an den sich verändernden Parametern. Tatsächlich gemessen wird nur eine Veränderung im Erregungsniveau. Vielleicht fühlt sich der Übeltäter ertappt – Bingo! Genauso gut kann er allerdings die beschriebene Tat so schlimm finden, dass er sich schon beim Gedanken daran aufregt. Dumm gelaufen!

Es gibt bis dato keine wissenschaftlich fundierten Studien, die die Wirksamkeit des Polygrafen zur Entdeckung von Lügen belegen. Das stellt die amerikanische National Academy of Sciences fest.[30]

- *„Persönlichkeit" lässt sich nicht anhand von Körpermerkmalen oder Verhalten entschlüsseln.*
- *Lügen kann man nicht anhand der Körpersprache oder mit Lügendetektoren erkennen.*

Echte Handarbeit – alles Gestik

Der Fahrer des entgegenkommenden Pkw zeigte dem Lkw-Fahrer den Handteller mit abgespreizten Fingern. Dieser reagierte auf die einzig mögliche Art: Er nahm beide Hände vom Steuer und machte die erforderliche beidhändige Abwehrgeste, die Handflächen übereinander nach vorne geschoben. Derart ungesteuert landete das Fahrzeug dummerweise im Graben. Dem Fahrer passierte nichts, es gab auch keine Strafe. Hatte der andere ihm doch die „mountza" gezeigt, eine Geste, die in Griechenland schlimmsten Ärger bedeutet. Dagegen konnte sich der Fahrer des Lastwagens eben nur mit der „Doppelmountza" wehren.[31]

Die Hand auf Schulterhöhe, die Innenfläche weist auf den Partner, leichte seitliche Bewegungen – „Nein, Danke". Schreibende Bewegungen mit dem Zeigefinger auf der Tischplatte im Restaurant – „Zahlen, bitte!" – Gesten drücken vieles aus, ganz ohne Worte. Gesten sind ein wichtiger Teil unserer Körpersprache. Beim Erlernen von Sprache und beim Denken spielen Gesten eine wichtige Rolle. Gedächtnisleistungen werden durch gleichzeitiges Gestikulieren verbessert.

Versuchen Sie, mit geschlossenen Augen mit der rechten Hand Ihr linkes Ohrläppchen zu berühren. Kein Problem. Das funktioniert allerdings nur, weil in unserem Gehirn ein Abbild unseres Körpers gespeichert ist. Dieses Abbild ist in den Proportionen verschoben, je nach Bedeutung für unsere Sinne sind die Körperteile unterschiedlich groß repräsentiert. Der Kopf mit Augen, Nase und Mund nimmt den größten Raum ein, dann Hände und Füße. Weil unsere Hände für uns eine große Bedeutung haben, achten wir ebenso aufmerksam auf die Hände unseres Gegenübers. Schon kleine Kinder im Alter ab etwa einem Jahr folgen den Zeigegesten von Bezugspersonen besonders aufmerksam. Sie setzen auch selber beispielsweise den Zeigefinger aktiv ein, um auf Dinge hinzuweisen.

- *Gesten sind wichtig.*
- *Gesten schaffen Aufmerksamkeit.*

Gesten enthalten wichtige Informationen, besonders in Verbindung mit dem gesprochenen Wort. Wird der Inhalt von Gesten begleitet, nehmen wir etwa die Hälfte mehr an Informationen auf. Mit Gesten wirken Menschen engagierter und interessanter. Setzen Sie Ihre Gestik gezielt ein, um sich mehr Aufmerksamkeit zu verschaffen.

Beachten Sie die „Spielregeln": Ausdrucksstarke Gesten sind sichtbar, außerhalb der Körpermitte und oberhalb der Taille. Wenn Sie nicht gerade als Papst Gläubige segnen, bleiben die Hände allerdings unterhalb der Schultern. Lassen Sie Gesten kurze Zeit (wieder diese etwa drei Sekunden) andauern, dann sind sie besser zu erkennen und wirken prägnanter. Starten Sie die Gestik ein wenig vor dem gesprochenen Wort, dann passt beides – Bild und Text – besser zusammen.

- *„Gute" Gesten sind sichtbar.*
- *Sie starten kurz vor dem Inhalt.*

Gesten sollten nicht übertrieben oder künstlich verlängert werden. Gute Gesten sind kraftvoll und dynamisch. Gesten mit beiden Händen wirken deutlich stärker als solche mit einer Hand. Selten passend sind Gesten mit negativem Gehalt: der erhobene Zeigefinger, vor der Brust verschränkte Arme oder Hände, die in den Hosentaschen verschwinden.

- *Gesten haben eine besondere Bedeutung für unsere Kommunikation.*
- *Variable Gestik ist spannender.*
- *Eindrucksvolle Gestik ist kraftvoll und dynamisch.*
- *Gesten mit beiden Händen wirken sehr viel stärker – sparsam einsetzen!*
- *Gesten verschaffen Ihnen erhöhte Aufmerksamkeit.*
- *Mit Gestik setzen Sie gezielt Akzente.*
- *Die Interpretation der Gestik ist – auch – abhängig vom kulturellen Kontext.*

Unsere soziale Haut – Kleidung und Accessoires

Im Pandemiewinter 2020/21 begeisterte Tika the Iggy[32] Millionen weltweit. Das italienische Windspiel aus Montreal zeigte seine verschiedenen extravaganten Outfits für die unterschiedlichsten Anlässe auf TikTok. Und trauerte darum, dass sie diese wegen des Lockdowns nicht ausführen konnte. „Loved it, couldn't wear it" wurde zur Klage vieler Fashionistas und Tika mit den Videoclips zur ersten Dogfluencerin weltweit.

Auch Katie Holmes erzielte eine ähnlich durchschlagende Wirkung. Sie wurde fotografiert, wie sie sich Ende August 2019 in New York ein Taxi herbeiwinkte. Sie trug einen gestrickten BH aus Kaschmir und eine Jacke aus demselben Material und in derselben Farbe. Eine Stunde nach der Veröffentlichung des Bildes auf Instagram war der BH (zum Preis von immerhin 520 US-Dollar) ausverkauft. Viele Menschen machten sich Gedanken über dieses Bild: „Klar, total süß, aber es sieht doch etwas zu warm für August aus – das waren meine ersten Gedanken. Aber vielleicht ist es das, was das Outfit so anziehend macht ... wie schafft sie es, NICHT wie schwitzendes Durcheinander auszusehen?"[33]

Kleidung und Accessoires sind besondere Elemente der Körpersprache. Sie können alles frei gestalten. Hauptsache, es steht Ihnen. Und es passt zur Situation. Das ist der Haken. Der „richtige" Dresscode ist entscheidend. Drückt er das aus, was Sie ausdrücken wollen? Wollen Sie seriös wirken oder cool? Was passt am Casual Friday und was tragen Sie zur Präsentation beim wichtigsten Kunden? Mit welchen speziellen Attributen wollen Sie auf sich aufmerksam machen? Und im Gedächtnis bleiben?

- *Ihre Kleidung und Accessoires sind ein Statement.*
- *Entscheiden Sie mit Bedacht, welche Aussage Sie machen wollen.*

Früher, in der „guten alten" Zeit, war es noch einfach: Männer im Anzug mit Krawatte, Frauen im Kostüm, weißes Hemd oder Bluse, Lederschuhe, meist schwarz oder braun, bei den Damen war Farbe in Ordnung ... heute haben sich Geschmack und Akzeptanz radikal verändert: „Bei uns berät der Mensch, nicht die Krawatte!" So werben Banken. Dieter Zetsche wurde in seinen letzten Jahren bei Daimler kaum anders als in (edlen) Jeans und (ausgesuchten) Sneakers gesichtet, zumindest wenn es um innovative Themen ging und er seine gedankliche Nähe zum Silicon Valley demonstrieren wollte. Wobei Investorenlegende Peter Thiel meist im Anzug auftritt.

Ganz so einfach ist es dann doch nicht. Umfragen unter Kunden der Sparkassen in Deutschland haben beispielsweise ergeben, dass sie den Auftritt der Berater eher „unmodern" finden. Darum haben sich eine Reihe von Instituten zum „Business Casual" als Outfit der Wahl entschlossen. Dazu braucht es dann allerdings eine detaillierte Anleitung[34]: „Die wegfallende Krawatte ist die auffälligste Veränderung. Doch der neue Dresscode bedeutet mehr: Männer dürfen Stoff- und ordentliche Jeanshosen mit Hemden kombinieren. Frauen haben mit Röcken und Kleidern zusätzlich noch mehr Variationsmöglichkeiten." Es gibt auch eine lange Liste unerwünschter Teile: „Tiefer Ausschnitt, zu kurzer Rock. Große Markenlogos, Statementdrucke. Fleecepullover, Poloshirts, Norwegerpullover, Holzfällerhemd, Kapuzenpulli, grobe Strickwesten, Jeans- und Lederjacken, Flip-Flops, Sportschuhe, Chucks, Crocs, Wandersandalen, Espadrilles. Helle, verwaschene, löchrige Jeans oder mit starken Kontrasten und Kontrastnähten. Cargohosen, Haremshosen, Leggins, Jogginghose. Kleidung mit Spaghettiträgern, schulterfreie Kleidung, kurze Hosen, Baseball-Caps und Mützen." Ganz so locker darf es dann doch wieder nicht sein. Die lange Liste zeigt auch, dass man (noch?) nicht so recht bereit ist, dem Urteilsvermögen der Mitarbeiter zu vertrauen. Kai Diekmann oder Dieter Zetsche wären glatt durchgefallen.

Es lohnt sich also, nach dem Dresscode im Umfeld zu schauen. In den meisten Fällen ist es sicherer, zehn Prozent mehr „anzubieten", als Ihre Partner erwarten. Setzen Sie auf jeden Fall ausgewählte persönliche Akzente. Steigern Sie damit Ihre Wirkung: Schicke rote Schuhe beispielsweise bei einer Dame wirken stärker als ein vollständig rotes Outfit. Sie bleiben zudem eher positiv im Gedächtnis. Zu viel des Guten ist selten gut: „Man sieht Claudia Roth im wallenden Escada-Kleid, rot, rosa, aubergine, alles Ton in Ton, von Kopf bis Fuß durchgestylt zu den Wagner-Festspielen schreiten. ‚Wie ein Eichhörnchen auf Ecstasy', höhnte Harald Schmidt, ‚die Blindenhunde im Umkreis von 30 Kilometern knurrten', spottete der Berliner Schriftsteller Wiglaf Droste."[35]

- *Dresscode beachten – von Business bis Casual.*
- *Gezielt Akzente setzen – was ist Ihr Markenzeichen?*
- *Mit gut gewählter Kleidung drücken Sie Ihr Selbstverständnis aus.*
- *Sie erweisen Ihrem Partner und dem Umfeld Referenz.*
- *Sie dürfen auffallen, aber besser positiv,*
- *hochwertig, aber nicht übertrieben,*
- *original, aber nicht albern.*

Literatur

1 *https://www.faz.net/aktuell/stil/mode-design/haarreife-erleben-ein-comeback-im-alter-17382219.html?service=printPreview* – abgerufen am 04.07.20211

2 Abgerufen am 08.07.20211

3 Zum Beispiel Pöppel, E.; Wagner, B.: *Traut euch zu denken.* München 2017

4 Pilz, M.: „Die Länge des perfekten Popsongs". *Welt* vom 01.02.2021, S.22

5 *https://www1.wdr.de/nachrichten/laschet-lacht-flutkatastrophe-erftstadt102.html* – abgerufen am 20.07.20211

6 Rosenzweig, P.: *The Halo Effect.* New York 2007

7 *https://www.freenet.de/unterhaltung/promis/nova-meierhenrich-zeigt-ihre-knackige-kehrseite-fntdt_8440110_4729180.html* – abgerufen am 20.07.20211

8 *https://de.statista.com/statistik/daten/studie/244667/umfrage/laender-mit-der-hoechsten-anzahl-an-schoenheitsoperationen/* – abgerufen am 30.06.20211

9 Korczak, D.: „Schönheitsoperationen im Licht der empirischen Sozialwissenschaften". *Face* 4 (2010), S.53–57

10 Hamermesh, D. S.: *Beauty Pays.* Princeton 2011

11 Vgl. *https://www.uni-muenster.de/news/view.php?cmdid=6962* – abgerufen am 09.07.20211

12 Vgl. bspw. *https://www.spiegel.de/ausland/lasst-uns-an-die-arbeit-gehen-a-45aab3c6-3ce4-4b21-95c9-f7e43ad835ab*

13 *https://www.youtube.com/watch?v=Ks-_Mh1QhMc* – abgerufen am 12.07.20211

14 Carney, D.R.; Cuddy, A.J.C.; Yap, A.J.: *"Power Posing: Brief Nonverbal Displays Affect Neuroendocrine Levels And Risk Tolerance".* Sage Journals vom 20.09.2010, *https://journals.sagepub.com/doi/abs/10.1177/0956797610383437* – abgerufen am 12.07.20211

15 *https://pubmed.ncbi.nlm.nih.gov/32569503/* – abgerufen am 12.07.20211

16 *https://www.faz.net/aktuell/politik/ausland/trump-trifft-merkel-in-osaka-und-lobt-sie-als-fantastische-frau-16258211.html?utm_campaign=GEPC%253Ds6&utm_content=buffer1242d&utm_medium=social&utm_source=facebook.com* – abgerufen am 20.07.20211

17 Sadr, J.; Jarudi, I.; Sinha, P.: „The role of eyebrows in face recognition". *Perception* 32(3) (2003), S.285–293

18 Ekman, P.; Friesen, W. V. (1978): *Facial Action Coding System. A Technique for the Measurement of Facial Movement.* Palo Alto 1978

19 Jack, R. E.; Garrod, O. G. B.; Schyns, P. G.: "Dynamic Facial Expressions of Emotion Transmit an Evolving Hierarchy of Signals over Time". *Current Biology* 24 (2014), S. 187 – 192

20 *https://www.spiegel.de/karriere/china-krankenschwestern-ueben-laecheln-mit-esstaebchen-a-1206598.html* – abgerufen am 09. 07. 20211

21 Gesichter lesen und Lügen erkennen – Kommunikation – Sparkassenzeitung

22 *https://www.handelsblatt.com/unternehmen/management/koerpersprache-lesen-so-enttarnen-sie-die-luegen-der-kollegen/3767600.html?ticket=ST-1221252-rI9nAgPIMPbp2Oalbc9c-ap2*

23 *uebermedien.de/27497/eine-zweifelhafte-expertin-fuers-charakterprofiling/*

24 Todorov, A.: *Face Value. The Irresistible Influence of First Impressions.* Princeton 2017

25 Schwertfeger, B.: „Wir sind einfach zu gute Profis im Lügen". *Wirtschaft + Weiterbildung* 09 (2017), S. 32 – 33

26 Frank, M. G.; Menasco, M. A.; O'Sullivan, M.: „Human Behavior and Deception Detection". In: Voeller, J. (ed.): *Handbook of Science and Technology for Homeland Security. Vol. 5.* New York 2008

27 Ekman, P.: *Telling Lies. Clues to Deceit in the Marketplace, Politics and Marriage.* New York 2009

28 Bond, C. F.; DePaulo, B. M.: „Accuracy of Deception Judgments". *Personality & Social Psychology Review* 10(3) (2006), S. 214 – 234

29 *http://www.spiegel.de/karriere/bluffen-rechtspsychologe-enttarnt-luegner-a-993919.html* – abgerufen am 09. 07. 20211

30 *https://www.nap.edu/read/10420/chapter/10#230* – abgerufen am 09. 07. 20211

31 Stein, H.: „Ohne Worte". *Welt* vom 01. 02. 2019, S. 22

32 Zum Beispiel *https://www.youtube.com/watch?v=dfP95Z4zAuQ* – abgerufen am 09. 07. 20211

33 *https://amp.welt.de/icon/mode/article199803290/Katie-Holmes-im-Kaschmir-BH-ist-das-Modefoto-2019.html* – abgerufen am 09. 07. 20211

34 Das Originaldokument liegt mir (als PDF) vor. Die Quelle möchte nicht genannt werden.

35 *https://www.stern.de/politik/deutschland/claudia-roth-sie-meint-es-doch-nur-gut-3289696.html* – abgerufen am 08. 07. 20211

3

Einfach mit Sprache – mündlich und schriftlich auf den Punkt

*Man muss einfach reden, aber kompliziert denken,
nicht umgekehrt.*

Franz Josef Strauß, Politiker

3

Einfach mit Sprache – mündlich und schriftlich auf den Punkt

- *Der Ton macht die Musik.*
- *Setzen Sie Ihre Akzente bewusst.*
- *Üben Sie Ihre Stimme – es lohnt sich.*

„Defizite in der Stimmführung, sie spricht eintönig, nuschelt manchmal, ist kurzatmig, hat Probleme mit der Luft."[1] So charakterisiert Dietmar Till, Inhaber des Rhetoriklehrstuhls in Tübingen, die Sprechweise von Angela Merkel.

Hörbar – Stimme und Sprechen

Unsere Stimme trägt erheblich zu unserer Wirkung bei. Zunächst wirkt der Klang der Stimme, dann erst der Inhalt. Mit einer angenehmen und dynamischen Stimme sammeln wir von Beginn an Sympathiepunkte.

- *Ein angenehmer Klang schafft Sympathie.*
- *Dynamisches Sprechen ist angenehm(er).*

Stimme ist moduliertes Atmen. Unsere Stimme kommt von weit unten: Die Luft aus den Lungenflügeln drücken wir gegen die Stimmlippen am Kehlkopf. Die werden durch die ausströmende Luft in Schwingungen versetzt. Die Höhe des so erzeugten Tons hängt von der Größe der Stimmlippen ab. Weil diese bei Männern meist dicker und länger sind, ist deren Stimme häufig tiefer. Der Ton nimmt dann den Weg durch den Vokaltrakt. Rachen, Nasenhöhle und Gaumen strahlen den Schall ab. Er wird verstärkt und erhält eine individuelle Klangfarbe. Weiteren Einfluss auf den Klang haben die Bewegungen von Mund und Lippen. Die eigene Stimme klingt in Aufnahmen für viele Menschen ungewohnt. Der erzeugte Ton wird im eigenen Kopf mehrfach reflektiert. Diese Reflexionen hören wir vermischt mit dem nach außen dringenden Klang.

- *Die eigene Stimme klingt für uns oft fremd.*
- *Wir finden die eigene Stimme selber oft wenig angenehm.*

Die Körperhaltung beeinflusst die Entstehung des Tons ebenso wie die Anspannung oder Entspannung unserer Muskulatur. Darum hören wir es selbst am Telefon sofort, wenn der Gesprächspartner sich nachlässig im Stuhl fläzt oder wenn er durch den Raum wandert. Wenn wir angespannt sind, wird unsere Stimme meist etwas höher. Darum fällt es schwer, Ärger oder Enttäuschung zu kaschieren. „Dir geht es doch nicht gut, das habe ich sofort gehört!"

- *Die Körperhaltung übt starken Einfluss auf den Klang der Stimme aus.*

Die Stimme muss stimmen! Besonders beim ersten Eindruck. Wir beurteilen Menschen neben den äußeren Merkmalen dann auch nach dem Klang der Stimme – Lautstärke, Klangfarbe und mehr. Wir erwarten von einem Zwei-Meter-Menschen eine tiefe volltönende Stimme.

Unsere Stimme hat einen spürbaren Anteil daran, wie wir auf andere wirken. Ruhige und entspannt klingende Stimmen wirken auf uns angenehm. Tiefe Stimmen empfinden wir als besonders sympathisch. Wir assoziieren diese Merkmale mit Souveränität und Kompetenz. Menschen mit schrillen Stimmen empfinden wir eher als aufdringlich und unangenehm. In diesem Wissen trainierte Margaret Thatcher ihre Stimme. Mit professioneller Unterstützung senkte sie ihre Stimmlage um eine halbe Oktave von einer „piepsenden Kleinmädchenstimme" auf ein als „staatsmännisch" bezeichnetes Niveau.[2]

Generell liegt die Stimmlage von Frauen heute deutlich tiefer als vor einigen Jahren. Michael Fuchs, Leiter der Sektion für Phoniatrie und Audiologie an der Universität Leipzig, macht dafür gesellschaftliche Bedingungen verantwortlich: „Weil Frauen im Alltag immer häufiger ihren ‚Mann stehen müssen', nähern sie sich auch stimmlich den Männern ein Stück weit an."[3] Demnach bringt eine tiefere Stimme Vorteile, weil wir damit Glaubwürdigkeit verbinden. Hohe Stimmen vermitteln eher Unsicherheit oder sogar mangelnde Kompetenz.

- *Tiefe Stimmen wirken sympathischer.*
- *Tiefe Stimmen strahlen Kompetenz aus.*

Der natürliche Stimmumfang eines Menschen umfasst zwei Oktaven. Die mittlere Sprechlage ist im unteren Bereich davon angesiedelt und klingt für uns positiv neutral. Je mehr eine Stimme nach oben geführt wird, desto eher kann sie in die dünne Kopfstimme kippen. Das wirkt dann leicht aufgeregt und hektisch. Je mehr der Ton mit ausreichend Luft gestützt wird, umso sicherer und voller bleibt die Stimme. Aufrechtes Stehen und gerades Sitzen helfen.

Entscheidend für die Wirkung der Stimme sind Sprachmelodie, Geschwindigkeit und Sprechpausen. Die Lautstärke muss dem Raum und der Entfernung zu Zuhörern angemessen sein. Zu leise wird nicht selten als schüchtern oder arrogant interpretiert, zu laut als dominant oder aufgeregt. Artikulieren Sie klar und deutlich, gerade schwierige und mehrsilbige Wörter. Nuscheln taugt nur bei Til Schweiger und Tochter als Markenzeichen.[4]

- *Wichtige Elemente der Wirkung einer Stimme sind Sprachmelodie, Tempo und Pausen, Lautstärke und Artikulation.*

Sprechen Sie dynamisch, doch nicht zu schnell. Zu hohes Tempo zeugt von wenig Rücksicht auf Zuhörer oder wird als Nervosität ausgelegt. Noch wichtiger als das Tempo sind Pausen an strategisch wichtigen Stellen – dort, wo etwas Wichtiges kommt oder nachdem ein Gedanke zu Ende geführt wurde. Also dort, wo man beim Schreiben auf die Enter-Taste drückt, um einen neuen Absatz zu starten. Dadurch bekommen die Ausführungen Struktur. Pausen lassen sich gezielt zur Betonung einsetzen. Eine kurze Sprechpause verhindert manches „Äh".

- *Sprechpausen strukturieren.*
- *Sprechpausen setzen Akzente.*

Monotones Sprechen wirkt gelangweilt, desinteressiert. Wichtige Wörter sollten betont werden. Sätze klingen mit unterschiedlicher Betonung sehr verschieden: „Lass uns **ins**

Restaurant gehen. – Lass **uns** ins Restaurant gehen. – Lass uns ins Restaurant **gehen**."

Modulation ist die Veränderung von Lautstärke, Tempo und Pausen. Der Inhalt wirkt lebhafter und interessanter. Zuhörer haben eher das Gefühl, dass mit ihnen gesprochen wird statt bloß zu ihnen. Veränderungen schaffen Spannung, die Stimme klingt abwechslungsreicher. Sprechen Sie kurze Sätze langsamer, lange Sätze eine Spur schneller. Betonen Sie ein, maximal zwei Wörter in Sätzen oder Satzteilen. Wenn Sie weitersprechen wollen, bleibt die Stimme am Ende des Satzes gehoben. Erst wenn Sie fertig sind, senken Sie die Stimme am Satzende.

Ein häufiger Fehler ist das Senken der Stimme, obwohl man noch weitersprechen möchte. Andere interpretieren das als ein Zeichen für „fertig" und beginnen mit ihrem Beitrag. Nicht selten ist eine solche Angewohnheit der Grund, warum manche Menschen häufiger unterbrochen werden als andere.

- *Modulation und Betonung schaffen Aufmerksamkeit.*
- *Sie zeigen, dass das Thema für den Sprecher wichtig ist.*

Am Telefon ist die Wirkung der Stimme noch prägender als im persönlichen Gespräch, in dem die Signale der Körpersprache zusätzliche Informationen liefern. Der Gesprächspartner leitet alles Wichtige dann ausschließlich aus der Wirkung der Stimme ab. Alter, Aussehen … wir machen uns immer ein Bild von der anderen Person. Aus dem Klang der Stimme schließen wir darauf, wie konzentriert unser Gesprächspartner ist.

Lächeln hört man. Die Stimme wirkt gleich freundlicher, einladender. Sitzen Sie aufrecht, Füße am Boden, dann kommt Ihre Stimme besser zur Geltung. Suchen Sie sich einen Fixpunkt für Ihren (simulierten) Blickkontakt. Gerne das Bild einer anderen Person. Die Stimme wirkt gleich konzentrierter und aufmerksamer. Machen Sie gezielte Sprechpausen, dann kommt auch Ihr Gegenüber zu Wort. Sprechen Sie in Zimmerlautstärke, das kann man beinahe immer gut hören. Konzentrieren Sie sich auf das Gespräch – man hört der Stimme und der Sprechweise an, wenn jemand abgelenkt ist.

- *Verhalten Sie sich am Telefon, als ob Ihr Partner Sie sehen könnte.*
- *Ein Lächeln macht die Stimme angenehmer.*

Dialekte lösen Emotionen aus, nicht immer nur positive. Kritisch ist es dann, wenn Sie mit Menschen zu tun haben, die nicht aus Ihrem Sprachraum stammen. Dialekte sind nicht immer für jeden verständlich. Eine leichte Dialektfärbung wird dagegen kaum jemanden stören, sie wirkt in den Ohren vieler Menschen eher sympathisch. Auch Dialekt-typische Ausdrücke versteht man oft nur regional. Was arbeitet ein „Flaschner"? Wann ist es eigentlich „Viertel Sechs"? Und was meint der Kölner mit einem „Halve Hahn"?

- *Dialekte gezielt einsetzen.*
- *Versteht mich mein Gegenüber?*

Sie können sich leicht ein Feedback zur Wirkung Ihrer Stimme und Sprechweise beschaffen: Wenn Sie sprechen, ob am Telefon oder bei einem kurzen Vortrag, zeichnen Sie einfach einen Ausschnitt auf, etwa drei Minuten. Oder bitten Sie andere darum, das für Sie zu tun. Die Gelegenheit zu Sprachmemos bietet mittlerweile jedes Smartphone. Hören Sie sich die Aufnahme danach kritisch an: Betonen Sie die richtigen Wörter? Wie ist das Tempo? Setzen Sie Sprechpausen geschickt ein?

Ansätze zur Verbesserung lassen sich ebenso leicht umsetzen. Üben lässt sich wunderbar so: Sprechen Sie einen kurzen Text ein, konzentrieren Sie sich beim Abhören auf einzelne Elemente – Pausen, Betonung, was auch immer. Unterbrechen Sie die Aufnahme dort, wo es nicht geklappt hat, sprechen Sie den Rest erneut. Mit besonderer Beachtung des bearbeiteten Verhaltens. Arbeiten Sie zehn Minuten am Stück, das reicht für zwei bis drei Durchgänge. Wichtig ist die regelmäßige Wiederholung – zweimal in der Woche, drei bis vier Wochen am Stück. Sie werden feststellen, dass Sie sich deutlich verbessern.

- *An Ihrer Sprechweise können Sie mit wenig Aufwand arbeiten.*
- *Entscheidend sind regelmäßiges Feedback und fortgesetztes Üben.*

Eine Warnung: Der manchmal noch empfohlene „Korken zwischen den Zähnen" für eine bessere Artikulation schadet bei regelmäßigem Einsatz sowohl den Zähnen als auch dem Unterkieferknochen und der Gesichtsmuskulatur. Übertriebene Mundbewegungen beim Üben führen leichter zu klarer Artikulation im Alltag.

- *Setzen Sie Ihre Stimme gezielt ein.*
- *Üben Sie – Betonung, Artikulation, Modulation und mehr.*
- *Machen Sie Aufnahmen – überprüfen Sie die Wirkung Ihrer Stimme.*
- *Üben Sie – immer wieder.*

„Die Sprache ist eine Waffe – haltet sie scharf"[5]

So weit Kurt Tucholsky. „Der Unterschied zwischen dem beinahe richtigen Wort und richtigen ist derselbe Unterschied wie zwischen dem Glühwürmchen (lightning bug) und dem Blitz (lightning)." Mark Twain[6]

Wörter müssen verstanden werden

„Agile Audit Intro Training", „Hüllfläche-Volumen-Verhältnis" oder eine hohe „Melt-Flow-Rate" – hätten Sie es gewusst? Wollen Sie verstanden werden, drücken Sie sich verständlich aus. Unnötige Fremd- und Fachwörter schrecken eher ab. Unter Experten sind Fachausdrücke selbstverständlich der beste Weg. Für ein weniger kundiges Publikum ist es von Vorteil, wenn Sie Fachausdrücke erläutern.

Hinter dem Begriff NABEG verbirgt sich das Netzausbaubeschleunigungsgesetz und BHKW steht für Blockheizkraftwerk. AMNOG bezeichnet das Arzneimittelmarkt-Neuordnungsgesetz. Eigentlich klar, aber nicht für jeden. Abkürzungen sind ähnlich tückisch wie Fachausdrücke oder Fremdwörter. Bleiben Sie vorsichtig, wenn Sie Abkürzungen verwenden, oder erklären Sie, was sich dahinter verbirgt.

„Hartman verbindet in ihren Arbeiten Strategien des zivilen Ungehorsams mit situationistischer Praxis und lenkt so auf subtile Weise die Aufmerksamkeit auf das Feld des Politischen. Als ‚blinder Passagier' macht sie auf die weltweiten Migrationsströme der sans papiers und auf die jahrhundertealte Dialektik von staatlicher Überwachung und klandestinem Reisen aufmerksam."[7] So formuliert könnte das die Beschreibung eines Kunstprojekts sein. Immerhin hat

Marvin Turpin[8] herausgefunden, dass die Bewunderung für Kunstwerke signifikant wächst, wenn moderne Kunst von möglichst esoterischen und nichtssagenden Beschreibungen begleitet wird. Ganz im Sinne von Harry Frankfurts *On Bullshit*[9]: Wer Unsinn verbreiten möchte, soll sich des imponierenden Stilmittels des Tiefsinns bedienen.

Was verbirgt sich nun tatsächlich hinter dem „Kunstprojekt"? Es ist die seltsam traurig anmutende Geschichte von Marilyn Hartman. Sie ist eine ältere Wohnungslose aus den USA, mit der Neigung, sich ohne Ticket oder Pass an Bord eines Flugzeugs zu schmuggeln. In den letzten Jahren ist ihr das gut 30-mal gelungen. Auch auf interkontinentalen Flügen. Die Presse in den USA hat ihr darum den Spitznamen „serial stowaway"[10] verpasst.

- *Wählen Sie Wörter, die Ihre Zuhörer verstehen.*
- *Vorsicht bei Abkürzungen.*

Sind Sie woke[11]? Und kennen Sie PoCs[12]? Ich hoffe ja, dass ich Ihnen in diesem Text einige spannende Lifehacks[13] anbieten kann. Oder glauben Sie, dass sich diese Begriffe über kurz oder lang ghosten[14]? Zu viel „Denglish" verhunzt den besten „Input". Auch ist der sichere Umgang mit Begriffen aus der englischen – oder einer anderen – Sprache eben nicht immer sicher. Selbst bei Begriffen wie „Stakeholder" und „Shareholder" kommen manche schon mal ins Schleudern. Denken Sie noch einmal über einen besser passenden Begriff nach. Ihr Beitrag soll ja schließlich A-Game[15] bleiben. In der deutschen Sprache gibt es auch eine Reihe scheinbar englischer Wörter, die aber letztendlich deutsche Schöpfungen sind: Handy, Homeoffice, Beamer – in der englischen Sprache wird mit Letzterem ein Auto eines Münchener Herstellers bezeichnet.

Keine Sorge – trotz aller Fremdwörter und trotz Denglish lebt die deutsche Sprache noch. Es geht ihr allerdings nicht richtig gut. Nach Medienberichten haben mehr als ein Viertel aller Lehramtsstudenten nicht die ausreichenden sprachlichen Mittel für das Studium.[16] Universitäten bieten darum zusätzliche Rechtschreib- und Grammatikkurse an. Für Abiturienten. Achten wir also bitte auf den korrekten Gebrauch unserer und jeder anderen Sprache. So seltsame Menschen wie Personaler reagieren nämlich schon bei der Bewerbung empfindlich, wenn sie zu viele Fehler entdecken.

- *Fremdwörter werden nicht von jedem verstanden.*
- *Zu viele fremdsprachige Begriffe wirken sprachlich eher unbeholfen.*

„Diskriminierungssensibel", „altbundesrepublikanisch", „Miesmuschelfischereigenossenschaft" oder die „Warenwirtschaftssystemlandschaft" – auf Anhieb sind solche Wörter nicht leicht auszusprechen, geschweige denn zu verstehen. Aus dem „Werbemitteleinsatzplan" kann man einen „Plan zum Einsatz der Werbemittel" machen. Einfacher, für Ihre Gesprächspartner auf Anhieb besser zu verstehen. Eindeutig die bessere Wahl.

- *Lange Wörter sind schwer zu verstehen.*
- *Sie wirken umständlich.*

Waschen Wörter Wirklichkeit? – Framing und Co

„Konkurrenten" kennen wir nicht, höchstens „Mitbewerber". Die Presse schreibt von „Stars" und meint weitgehend unbegabte Darsteller in einer billig produzierten Vorabendserie.

Das Produkt heißt Pilz-Creme-Suppe, obwohl nur 3,7 Prozent Pilze enthalten sind. Die Bezeichnungen sollen Emotionen hervorrufen. Die Wahl der Worte beeinflusst die Qualität der Botschaft.

An manchen Stellen glaubt man sehr intensiv daran, durch die bloße Veränderung der Bezeichnung auch die nicht immer angenehme Realität der Bezeichneten zu verbessern: Der Berliner Senat hat befunden, dass „Ausländer" zukünftig offiziell „Einwohnende ohne deutsche Staatsbürgerschaft" genannt werden sollen, und der „Schwarzfahrer" wird zum „Fahrenden ohne gültigen Fahrschein".[17]

In der öffentlichen Meinung wird die ARD als „aufgeblähter Selbstbedienungsladen" oder als „Staatsfunk" und „Dinosaurier" verunglimpft. Das ist nicht schön für den Sender. Es hagelt seit einiger Zeit Kritik an den mehr als acht Milliarden zwangsweise erhobener Gebühren im Verhältnis zur dafür erbrachten Leistung. Man könnte das Angebot überdenken und in mehr Qualität investieren, statt noch eine weitere Talkshow mit immer denselben Gästen zu starten. Die ARD hat sich allerdings entschlossen, die wahren Ursachen dieser Sichtweise anzugehen. Sie beauftragte die Linguistin Elisabeth Wehling mit der Erarbeitung eines Framing-Manuals[18], in dem „eine Antwort auf die Frage (ge)geben (wird): Wieso ist die ARD gut – nicht schlecht, wie Ihre Gegner es halten; und wieso ist es wichtig und richtig, die ARD in ihrer Form zu erhalten – nicht überflüssig und falsch, wie Ihre Gegner es propagieren."

Frames sind Deutungsmuster, die Wörtern erst eine emotionale Bedeutung geben.[19] Je nachdem, welche Bedeutung wir ihnen zuschreiben, werden die an sich neutralen Sachverhalte positiv oder negativ belegt. In ihrem Manual für die ARD konzentriert sich Frau Wehling darauf, Inhalte schönzureden. Sie reflektiert nicht, dass die Wahrnehmung eines

Sachverhalts auch von anderen Aspekten als den bloßen Wörtern getrieben sein kann. Framing ist ein linguistisches Konzept, das in den 1990er-Jahren entstanden ist. Es beschreibt, wie Sachverhalte durch die „richtige" Wortwahl positiv oder negativ aufgeladen werden können. Es berücksichtigt allerdings nicht, dass die reine Fixierung auf sprachliche Mittel auf Dauer nicht ausreicht. Wenn Begriffe zu weit von den Tatsachen aufschlagen, wird sich immer nur eine Minderheit dauerhaft manipulieren lassen – zumindest in einem Staat mit denkenden Menschen und funktionierenden Gegenstimmen.

- *Framing kann Wörter emotional aufladen.*
- *Worte machen dann Wirklichkeit.*
- *Setzen Sie Wörter gezielt ein.*
- *Aber bleiben Sie in der Nähe der Tatsachen.*

Leser:Innen, Leser_Innen oder Lesende? Lust und Last des Genderns

Es ist gut und richtig und auch zeitgemäß, der weiblichen Form (und anderen erforderlichen Sprachformen) den ihr gebührenden Platz einzuräumen. Das findet allerdings seinen Niederschlag in manchmal leicht absurden Anläufen zur Durchsetzung einer politisch korrekten Sprache. „Hochschullehrerinnen und Hochschullehrer von Fachhochschulen sollen zu Gutachterinnen und Gutachtern und Prüferinnen und Prüfern nach Satz 1 bestellt werden." So steht es im Brandenburgischen Hochschulgesetz in § 31[20]. Im selben Paragrafen ist allerdings dann wieder die Rede von „Promovierenden", und diese haben nur „wissenschaftliche Betreuer" – keine „Betreuer und Betreuerinnen" und auch keine „Betreuenden". Die gute Sprache wird hier zunächst der guten Absicht geopfert – dann fehlt jedoch die Konsequenz, diese Wortwahl bis zum Ende durchzuhalten.

- *Politisch korrekte Sprache birgt sprachliche Fallen.*
- *Zu stark mit politischen Anliegen aufgeladene Sprache ist nur schwer sprech- und lesbar.*

Sprache wird dann zur reinen Machtfrage, so wie es Lewis Carroll in seinem Buch *Alice im Wunderland* treffend beschreibt: „Ich verstehe nicht, was Sie mit ‚Glocke‘ meinen", sagte Alice. Goggelmoggel lächelte verächtlich. „Wie solltest du auch, ich muß es dir doch zuerst sagen. Ich meinte: ‚Wenn das kein einmalig schlagender Beweis ist!‘" „Aber ‚Glocke‘ heißt doch gar nicht ‚einmalig schlagender Beweis‘", wandte Alice ein. „Wenn ich ein Wort gebrauche", sagte Goggelmoggel in recht hochmütigem Ton, „dann heißt das genau, was ich für richtig halte – nicht mehr und nicht weniger." „Es fragt sich nur", sagte Alice, „ob man Wörter einfach etwas anderes heißen lassen kann." „Es fragt sich nur", sagte Goggelmoggel, „wer der Stärkere ist, weiter nichts."[21]

Da werden dann Anreden wie „Liebe Mitglieder und Mitgliederinnen" gewählt. Das ist zwar sprachlich falsch, weil es eben „das Mitglied" heißt und der männliche Körperteil bei dem Wort keine Rolle spielt. Mein Lieblingszitat ist allerdings immer noch ein anderes: Im Programmheft des Evangelischen Kirchentags 2015 steht der ernst gemeinte Satz: „Die Teilnehmenden … sind eingeladen, mitzureden und ihre Meinung deutlich zu machen: über Anwältinnen und Anwälte des Publikums und über Saalmikrofoninnen und -mikrofone."[22]

Gute Sprache – Wortwahl und mehr

„Wer auf der Autobahn im Bereich von Vorsortierräumen, die durch Aufstellen von fahrstreifengegliederten Vorwegweisern eingerichtet sind, auf der durch eine breite Linie abgetrennten Rechtsabbiegespur an den auf den für den Geradeausverkehr bestimmten Richtungsfahrbahnen befindlichen Fahrzeugkolonnen rechts vorbeifährt, ohne nach rechts abbiegen zu wollen, und anschließend nach links in eine Fahrzeuglücke einschert, überholt rechtswidrig rechts." Eine lange und arg verschlungene Einlassung in einem Urteil eines deutschen Oberlandesgerichts. Kürzer wäre besser: „Wer auf der Autobahn auf der Rechtsabbiegespur an den Fahrzeugkolonnen rechts vorbeifährt und anschließend nach links einschert, überholt rechtswidrig rechts."

Einfache kurze Sätze sind besser zu verstehen. Meist braucht es weniger Wörter, als wir glauben. Mit wenigen Worten kann man ganze Geschichten erzählen. Das beweist Florian Meimberg[23] mit seinen Tiny Tales, 140 Zeichen lang. Hier zwei Beispiele: „Die Übelkeit. Der Heißhunger. Die ausbleibende Periode. Es gab keinen Zweifel. Maria räusperte sich: ‚Josef? Wir müssen reden.'" „Der Witz ging Lisa nicht mehr aus dem Kopf. Sie musste sich das Lachen verkneifen, versuchte still zu sitzen. Konzentriert malte Da Vinci." Kurze Sätze, präzise Formulierungen, jedes Wort an seinem Platz. Das funktioniert mündlich genauso gut wie auf Twitter. Spendieren Sie jedem Gedanken einen Satz ganz für sich allein. Nach etwa 15 bis 20 Wörtern sollte Schluss sein, mehr kann man nicht gut verstehen. Ein paar Zahlen dazu: Zehn bis 15 Wörter sind laut Deutscher Presseagentur (dpa) die empfohlene Satzlänge. Die durchschnittliche Länge eines Satzes in der *Bild* hat zwölf Wörter, 17 Wörter hat der durchschnittliche Satz im Johannes-Evangelium und in den *Bud-*

denbrooks von Thomas Mann. 20 Wörter pro Satz sind – wiederum laut dpa – die Obergrenze des Erwünschten. 25 Wörter pro Satz markieren den Beginn der Schwerverständlichkeit. Einschübe sind ebenso schwer zu verstehen wie mehr als maximal zwei Nebensätze.

- *Kurze Sätze sind besser zu verstehen.*
- *Ein Gedanke pro Satz.*

Aktive Formulierungen sind lebendiger und interessanter. Statt „Ihre Anmeldung wurde entgegengenommen" sagen Sie lieber: „Sie sind jetzt angemeldet." Das Passiv klingt nüchtern und distanziert. Verzichten Sie auf Blähdeutsch. Das meint imposant klingende Begriffe, die vieles, aber nichts genau sagen. Wörter wie Sache – Aspekt – Thema – Prozess – Bereich – innovativ – nachhaltig müssen entweder präzisiert oder durch einen besseren Begriff ersetzt werden. Verzichten Sie auf Pleonasmen. Das bekannteste Beispiel ist der „weiße Schimmel", der „berühmte Star" und die „schwere Verwüstung" sind ebenso Pleonasmen wie diese Beispiele: stärker fokussieren – restlos/fest überzeugt – schlimme Katastrophe – leitende Führungskraft – fundierte Kompetenz – neu renoviert – unvorhergesehener Notfall – steile Felswand. Eine andere Form der unnötigen Wiederholungen des gleichen Gedankens sind Tautologien: „Wir müssen endlich aufhören. Sonst geht es immer so weiter." Oder: „Wir sollten in Ruhe beobachten und keine voreiligen Schlüsse ziehen." Weg damit.

Meiden Sie Füllwörter. Füllwörter machen Ihre Aussagen unpräzise. „Eigentlich – wohl – aber – eben – beinahe – geradezu – sicherlich – grundsätzlich – irgendwie – wirklich" sollten Sie sparsam dosieren oder streichen. Ebenso wie Floskeln: „Ich habe schon immer betont ...", „Nach meiner

Überzeugung …", „Meiner Meinung nach …" – immer wie-
derkehrende Floskeln sind sinnentleerte Formulierungen,
umständlich, häufig gebraucht, langweilig. Wenn es nicht
Ihre Meinung wäre, sollten Sie sie nicht sagen. Vermeiden
Sie ebenso – unnötige – Relativierungen und Konjunktive:
„Eigentlich haben Sie sich ganz gut geschlagen", „Vielleicht
könnte ich mich darum bemühen." – Relativierungen und
Konjunktive weisen in eine ähnliche Richtung. Will er nun
oder will er nicht? Lob oder verdeckter Tadel? Beziehen Sie
Position, machen Sie konkrete Vorschläge. So verschaffen Sie
Ihrem Vorschlag Gehör. Nur so wird man verstehen, was
Sie – eigentlich – sagen wollen.

Sie gewinnen Ihr Publikum mit

- *klaren Aussagen,*
- *sprachlich starken Sätzen,*
- *guter Wortwahl.*

Sie wollen andere mit Ihren Worten gewinnen und überzeugen. Das gelingt am besten mit griffigen Formulierungen,
kurzen Sätzen, aktiver Sprache. Verben sind gut, stark und
dynamisch. Bringen Sie die Aussage auf den Punkt, setzen
Sie direkte Rede ein, nennen Sie die Dinge beim Namen.

- *Am besten wirken Sie mit klaren Aussagen – kurz und
  prägnant.*

Kernaussagen – Kernaussagen – Kernaussagen: „Wir haften
bis zum letzten Hosenknopf." Mit diesen Worten beschreibt
Hans-Walter Peters, persönlich haftender Gesellschafter und
Sprecher der Berenberg-Bank das Haftungsprinzip bei Pri-
vatbanken. Kurze prägnante Botschaften werden besser ver-

standen. Sie bleiben in Erinnerung. Investieren Sie Zeit in die Formulierung einer guten Kernaussage zu Ihrem Thema.[24]

- *Kernaussage = Ihre Botschaft in einem Satz.*

Was ist meine wichtigste Aussage? Wer viel zu sagen hat, macht keine langen Worte! Die Kernaussage reduziert den Inhalt auf das Wesentliche.

Ob im Internet oder auf Papier: Sogar Zeitungsfans lesen nur selten alle Artikel. Meist suchen wir nach den Themen, die uns interessieren. Schon anhand der Schlagzeile und der ersten Sätze entscheiden wir uns, ob wir weiterlesen. „Das ist das Zeug, aus dem Sturmfluten sind! Mit bis zu 200 Kilometern pro Stunde soll Orkan Xaver am Donnerstag über Deutschland fegen." Wer jetzt nicht weiterliest, interessiert sich eben nicht für das Wetter.

Eine gute Kernaussage erfüllt vier wesentliche Anforderungen: Sie ist kurz (drei bis fünf – kurze – Sätze) prägnant (konzentrieren Sie sich auf einen Aspekt) – „positiv" formuliert und emotional „aufgeladen". Getreu dem Motto: Weniger ist mehr! Konzentrieren Sie sich auf das Wesentliche! Sprechen Sie an, was für Ihre Zuhörer wichtig ist!

Negatives lässt sich oft und besser positiv formulieren. „Verstehen Sie mich nicht falsch" lenkt die Wahrnehmung auf ein mögliches Missverständnis. Dagegen weist „Verstehen Sie mich richtig" in die positive Richtung. „Wir wollen vermeiden" klingt defensiver als die Worte „Wir wollen erreichen". „Bitte auf den Wegen bleiben!" klingt besser als „Rasen betreten verboten!" – und die freundliche Aufforderung wird auch eher befolgt.

Auf die Frage, wie er aus einem unförmigen Marmorblock eine so schöne Skulptur gestaltet, antwortete der Bildhauer:

„Ganz einfach, ich schlage alles weg, was nicht nach Löwe aussieht." (Dieses Zitat wird häufig Michelangelo zugeschrieben). Machen Sie es mit Ihrer Kernaussage genauso: Schreiben Sie Ihre Gedanken zum Thema auf und reduzieren Sie immer weiter – bis der zentrale Aspekt des Themas in wenigen Sätzen formuliert ist. Behalten Sie nur das Unverzichtbare!

Beispielsweise könnte die Kernaussage zu dieser Methode lauten: „Weniger ist mehr! Konzentrieren Sie sich auf das Wesentliche! Sprechen Sie an, was für Ihre Zuhörer wichtig ist!"

Wir leben in einer komplizierten Welt. Und doch erwartet man, dass Sie Ihre Themen verständlich und einfach vermitteln. Eine verständliche und überzeugende Darstellung ist klar gegliedert, mit einer klaren Kernbotschaft, ein paar Bildern oder Beispielen – in verständlicher Sprache und kurzen Sätzen. Der „rote Faden" hilft Ihren Zuhörern, Ihnen zu folgen. Bewährte Methoden der Gliederung sind die zeitliche Organisation, der Weg vom Problem zur Lösung oder eine Gegenüberstellung von Wunsch und Wirklichkeit.

- *Klar gegliedert und gut verständlich – so überzeugen Sie.*

„Ich habe schon immer betont ..." oder „nach meiner Überzeugung ..." sind immer wiederkehrende Floskeln. Ohne echte Aussage und häufig gebraucht, darum auch nicht sonderlich originell. Floskeln sind Fallen. Andere unglückliche Angewohnheiten sind passive Formulierungen und Relativierungen: „Uns wurde aufgetragen ..." oder „Mir wurde mitgeteilt ..." sind Sätze ohne Botschaft. Es fehlt die Identifizierung mit dem Inhalt. Die Aussage verpufft.

- *Setzen Sie Ihre Stimme gezielt ein.*
- *Übung macht den Meister.*
- *Sprechen Sie verständlich.*
- *Orientieren Sie sich an Ihren Zuhörern.*
- *Verzichten Sie auf alles Überflüssige.*
- *Floskeln sind Fallen.*

Literatur

1   Beyer, S.: „Herz und Vernunft". *Spiegel* 1 (2021), S. 34 – 37

2   *https://sciencev1.orf.at/news/18165.html* – abgerufen am 11.07.2021

3   *https://www.lvz.de/Leipzig/Lokales/Leipziger-Experte-Frauenstimmen-werden-immer-tiefer* – abgerufen am 11.07.2021

4   *https://www.sueddeutsche.de/medien/til-und-luna-schweiger-im-tatort-nuscheln-im-duett-1.1615384* – abgerufen am 11.07.2021

5   *https://www.aphorismen.de/zitat/83231* – abgerufen am 11.07.2021

6   *https://beruhmte-zitate.de/zitate/125670-mark-twain-der-unterschied-zwischen-dem-richtigen-wort-und-de/* – abgerufen am 11.07.2021

7   Kieserling, A.: „Alles so schön unverständlich". *FAS* vom 12.01.2020, S. 60

8   Turpin, M.H. et al.: "Bullshit makes the art grow profounder". *Judgment and Decision Making* Vol. 14, No. 6, November 2019, pp. 658 – 670

9   Frankfurt, H.G.: *On Bullshit*. Princeton 2005

10 *https://nypost.com/2021/03/17/who-is-marilyn-hartman-inside-the-serial-stowaways-life/* – abgerufen am 12.07.2021

11 Wachsam, aufmerksam

12 Person of Color

13 Kniffe/Tricks, die das Leben leichter machen

14 Lautlos verschwinden

15 Erste Sahne, Spitzenleistung

16 Soldt, R.: „Deutschstunde bei Herr Meier". *FAS* vom 09.02.2020, S. 4

17 Heine, M.: „Berliner Neusprech". *Welt* vom 25.09.2020, S. 22

18 Wehling, E.: *Framing-Manual. Unser gemeinsamer, freier Rundfunk ARD. https://cdn.netzpolitik.org/wp-upload/2019/02/framing_gutachten_ard.pdf* – aus diesem Manual stammen auch die Zitate.

19 Wehling, E.: *Politisches Framing*. Bonn 2017

20 *https://bravors.brandenburg.de/gesetze/bbghg#31* – abgerufen am 11.07.2021

21 Carroll, L.: *Alice im Wunderland*. Frankfurt am Main 1981

22 N. N. (2015): „Hohlspiegel". *Spiegel* 24 (2015), S. 146

23 *https://twitter.com/tiny_tales?lang=de* – abgerufen am 11.07.2021

24 *https://www.faz.net/aktuell/wirtschaft/unternehmen/unbeschadet-durch-die-krise-wir-haften-bis-zum-letzten-hosenknopf-12060521/hans-walter-peters-persoenlich-12060989.html* – abgerufen am 19.8.21

4

Einfach gut reden und präsentieren – auf das Publikum kommt es an

Wo es den Rednern an Tiefe fehlt, da gehen sie in die Breite.
Charles-Louis de Montesquieu, Philosoph

4

Einfach gut reden und präsentieren – auf das Publikum kommt es an

- *Gute Reden sind möglich.*
- *Mit Emotion und Inhalt können Sie begeistern.*
- *Bilder und Beispiele bleiben in Erinnerung.*

„Ich möchte Ihnen heute ein paar Geschichten aus meinem Leben erzählen. Das ist alles. Nichts Besonderes. Nur drei Geschichten."... „Bleiben Sie hungrig. Bleiben Sie verrückt. Ich danke Ihnen." mit diesen schlichten und doch eindrucksvollen Worten beginnt und endet die berühmte Rede von Steve Jobs vor der Abschlussklasse in Stanford.[1]

„Durch Deutschland muss ein Ruck gehen. Wir müssen Abschied nehmen von lieb gewordenen Besitzständen ... Wir müssen jetzt an die Arbeit gehen. Ich rufe auf zu mehr Selbstverantwortung. Ich setze auf erneuerten Mut. Und ich vertraue auf unsere Gestaltungskraft. Glauben wir wieder an uns selber. Die besten Jahre liegen noch vor uns." Diese Worte sind der Abschluss von Roman Herzogs berühmter „Ruckrede".[2]

Rhetorik – so geht eine gute Rede

Reden müssen manche von uns immer mal wieder. Meist nicht vor so großem Publikum, trotzdem sind dann immer eine ganze Reihe von Augenpaaren auf den Redner gerichtet. In einem solchen Fall lohnt es sich, Zeit und Energie in eine gute Rede zu investieren. Zur Eröffnung einer Ausstellung, anlässlich eines vom Unternehmen geförderten Konzerts oder zur Vorstellung eines neuen Produkts – „alle Jahre wieder" ergibt sich die Gelegenheit, eine Rede zu halten. Die sollte dann bitte richtig gut sein. Denn schlechte Reden sind häufiger als gute. Gute Reden und gute Redner finden darum meist große Beachtung. Und Sie bleiben den Zuhörern in guter Erinnerung.

„People of Berlin, people of the world, this is our moment. This is our time!" Am 24. Juli 2008 sprach Barack Obama vor mehr als 200 000 Menschen an der Siegessäule in Berlin.[3] „Charismatisch und charmant, schelmisch und pathetisch – er zieht alle Register. Die Rede ist aufgebaut wie aus dem Lehrbuch ..., Obama sucht den Blickkontakt mit dem Publikum. Er setzt effektvolle Pausen ... er setzt den ganzen Körper ein ... Barack Obama ist ein begnadeter Redner."[4] Eine einzige Rede kann vieles bewirken: „François Hollande ist die dreidimensionale Version einer Zeichnung von Sempé: Mann im grauen Anzug blinzelt ratlos der Welt entgegen ... einer, der Alphatiere nur aus dem Jardin des Plantes kennt, wo er sie in Gesellschaft seiner Kinder bestaunt. Dann hat er am Sonntag diese Rede gehalten, seitdem ist alles anders ... Er begann mit einem Satz von geradezu literarischer Schlichtheit: ‚Ich bin gekommen, um über Frankreich zu sprechen.'... Solche Perfektion in der Rede ist in der Politik eine altmodische, seltene und entscheidende Waffe."[5] Seine Reden haben entscheidend geholfen, François Hollande zum

Präsidenten zu machen. Als solcher reüssierte er dann weniger, die Bedeutung guter Reden schmälert das nicht.

Gute Reden sind – eigentlich – einfach. Kurz und bündig formulierte es Kurt Tucholsky: „Hauptsätze, Hauptsätze, Hauptsätze. Klare Disposition im Kopf – möglichst wenig auf dem Papier. Tatsachen oder Appell an das Gefühl. Schleuder oder Harfe ... Suche keine Effekte zu erzielen, die nicht in deinem Wesen liegen ... Merk Otto Brahms Spruch: Wat jestrichen is, kann nich durchfalln."[6] Die Kunst der Rhetorik gibt es seit der Antike. Auch heute noch ist eine Rede die wichtigste Form der Kommunikation mit mehreren anderen Menschen. Mit einer guten Rede erreichen Sie Ihre Zielgruppe. Erzählen Sie eine Geschichte, drücken Sie Gefühle aus, informieren und überzeugen Sie. Mit Ihrer Rede wirken Sie immer auch als Person. Neben dem Inhalt ist darum die Aktion des Redners entscheidend – vom Stimmeinsatz bis zur Körpersprache.

- *Eine Rede ist die stärkste Form der Kommunikation.*
- *Der Redner trägt erheblich zum Erfolg der Rede bei.*

Die Rede ist so gut wie Ihr Auftritt

„Amanda Gorman grüßte die Welt. Dann ging es los in einem eindringlichen Singsang, halb gerappt, halb gesungen, rhythmisch, schnell, plötzliche Pausen. Sie dirigierte sich selbst wie ein Eine-Frau-Orchester mit ihren schmalen Händen. An einem Finger ein auffälliger Goldring."[7] Mit diesen Sätzen ist beinahe alles gesagt. Entscheidend für die Wirkung der Rede – neben dem Inhalt – ist die Wirkung Ihrer Person. Redner sprechen Augen und Ohren und Gefühle an.[8] Die Rede wird zwar gehört, doch zuerst werden Sie gesehen.

Wenn Sie engagiertes Handeln fordern, unterstreichen Sie das mit klaren dominanten Gesten.

Zu Beginn der Rede betreten Sie ruhig und mit dynamischen Schritten Ihre Bühne. Proben Sie bei wichtigen Anlässen den richtigen Auftritt – von welcher Seite, wie viele Schritte (Vorsicht bei Treppen – die haben Stufen!). Beginnen Sie erst zu sprechen, wenn Sie Ihren Platz erreicht haben. Wenden Sie sich in aller Ruhe dem Publikum zu, holen Sie ruhig Luft („einundzwanzig, zweiundzwanzig"), nehmen Sie Blickkontakt auf – dann erst geht es los.

- *Zeigen Sie Präsenz! Überzeugen Sie mit Ihrer Körpersprache!*

Der Blickkontakt ist ein Signal für Aufmerksamkeit und Wertschätzung. Schauen Sie Ihr Publikum an. Tun Sie das auch, wenn Sie wegen möglicherweise blendender Scheinwerfer kaum Gesichter im Publikum erkennen. Halten Sie den Blickkontakt. Schauen Sie freundlich – Lächeln hilft.

- *Blickkontakt zeigt Aufmerksamkeit.*
- *Blickkontakt gewinnt Aufmerksamkeit.*

Sprechen Sie. Wichtige Stilmittel sind Modulation, wechselndes Tempo und Pausen – an den richtigen Stellen. Achten Sie auf das Sprechtempo. Kurze Pausen vor oder nach einer wichtigen Aussage erhöhen das Gewicht Ihrer Worte. Pausen setzen Akzente. Genau wie in der Musik.

Besondere Aufmerksamkeit erregen die Hände des Redners. Am besten bewegen sie sich im „rhetorischen Rahmen" zwischen Hüfte und Kopf. Gesten sollten den Inhalt unterstreichen.

„Um elf Uhr betritt CDU-Generalsekretär Paul Ziemiak die Bühne ... Ziemiak, das merkt man sofort an seinem federnden Gang, ist auf Swag-Level 130. Er fühlt sich wie Steve Jobs bei der Präsentation des ersten iPhones, wirkt aber wie ein Gemüsehobel-Verkäufer in der Fußgängerzone von Düren. Die Gigantomanie der Gesten passt nicht zum kleinbürgerlichen Naturell der Veranstaltung ... Wahlkampf war immer schon mehr Grabbeltisch und weniger Couture, klar. Aber wer Sommer sagt, sollte mindestens sexy Eis mit Sahne liefern.“[9]

Passen Sie Ihren Auftritt dem Anlass und dem Rahmen an: Deutlich zu wenig oder eindeutig zu viel, beides wirkt albern. Was hier der Journalist aufgeschrieben hat, fühlt Ihr Publikum genauso. Meist wird man es Ihnen aber nicht sagen. Planung, Abstimmung, Übung, Feedback – das sind die Schlüssel zu einem erfolgreichen Auftritt.

Die Sprache – ein wichtiges Werkzeug

Ihre Rede soll aktivieren, ansprechen, gewinnen, überzeugen. Das gelingt am besten mit griffigen Formulierungen, kurzen Sätzen, aktiver Sprache. Gefährlich und doch häufig sind Bandwurmsätze oder Worthülsensalat. Niemand möchte das hören. „Yes we can“[10] (Barack Obama) oder „Ein Kind, ein Lehrer, ein Buch und ein Stift können die Welt verändern“[11] (Malala Yousafzai, Friedensnobelpreisträgerin 2014), das sind Sätze, die gerade wegen ihrer Kürze haften bleiben.

- *Sprechen Sie in kurzen Sätzen.*

Verben sind gut, stark und dynamisch. Substantivierte Verben dagegen – die Personifizierung der Distanzierung vom

Thema – lassen Ihre Aussagen starr und unbeteiligt klingen. Statt „Wir haben eine Einigung erzielt" sagen Sie: „Wir haben uns geeinigt."

- *Verben sind stark.*

Und dann könnten Sie vielleicht auch noch überlegen, ob Ihre Rede eigentlich ohne Konjunktive oder womöglich überflüssige Wörter nicht ein kleines bisschen besser klingen würde, also, ich meine ja nur. Bringen Sie es auf den Punkt, setzen Sie direkte Rede ein, nennen Sie „die Dinge beim Namen".

Beware of Bullshit Bingo! Sinnentleerte Aussagen überzeugen oder begeistern niemanden. Prüfen Sie Ihre Sprache daraufhin, ob Sie versehentlich Ausdrücke einer Phrasendreschmaschine ins Manuskript übernommen haben. Was genau ist die „Nachhaltigkeit", der Sie sich verschrieben haben, und wie soll die schon lange überfällige „Neuausrichtung" konkret aussehen?

- *Verzichten Sie auf Floskeln, Füllwörter und unnötige Konjunktive.*
- *Nennen Sie die „Dinge" beim Namen.*

Unabhängig vom Manuskript finden immer wieder „Ähs", „also ich sag mal" oder Lieblingswörter wie „genau" den Weg in die Rede – schlechte Angewohnheiten, Floskeln, Füllwörter. Sichern Sie sich Feedback. Machen Sie Aufnahmen, arbeiten Sie an Fehlern und anderen Unzulänglichkeiten.

- *Üben – Feedback – verbessern – üben – Feedback – verbessern – …*
- *NUR Übung macht den Meister.*

Das Manuskript

Jetzt geht es zunächst um die Technik: Am besten wirkt eine frei gehaltene Rede. Wenn Sie das nicht schaffen – zu viel Text, zu wenig Zeit zur Vorbereitung –, dann sind Moderationskärtchen die erste Stufe. Darauf notieren Sie wichtige Stichworte. Schreiben Sie gut leserlich. Richtig chic sind Karten mit dem Firmenlogo auf der Rückseite. Halten Sie die Karten in der linken Hand, dann bleibt die rechte frei für Gestik.

Wenn die Rede länger sein soll oder wenn es tatsächlich auf jedes Wort ankommt, dann brauchen Sie ein „richtiges" Redemanuskript. Drucken Sie es aus, in Schriftgröße Punkt 14 oder Punkt 16, doppelzeilig oder – mindestens – 1,5 Zeilen Abstand. Schriftfarbe Schwarz, das können Sie auch bei weniger guter Beleuchtung erkennen. Absätze sollten nicht über das Seitenende hinausgehen, der Lese- und damit der Sprechfluss werden sonst beim Umblättern gestört. Zum leichteren Blättern werden die Seiten nicht geheftet. Und bitte mit Seitenzahlen. Sollten die Blätter wider Erwarten zu Boden fallen, kann man sie leichter ordnen.

- *Nutzen Sie Karten mit Stichworten (besser) oder*
- *erstellen Sie sich ein Manuskript.*

Der Inhalt

„Wer hat denn, und das muss vor diesem hohen Hause einmal unmissverständlich ausgesprochen werden. Auch die wirtschaftliche Entwicklung hat sich in keiner Weise, das kann auch von meinen Gegnern nicht bestritten werden, ohne zu verkennen, dass in Brüssel, in London die Ansicht herrscht, die Regierung der Bundesrepublik habe da und, meine Damen und Herren, warum auch nicht?"[12] Keine (gute) Rede ohne Inhalt. Außer Sie heißen Vicco von Bülow, alias Loriot, und verstehen es wie der Meister, in seiner Bundestagsrede mit so vielen Worten nichts zu sagen.

„Making a speech on economics is a lot like pissing down your leg. It seems hot to you, but it never does to anyone else."[13] Lyndon B. Johnson, der 36. US-Präsident, brachte damit die Grundanforderung an jede gute Rede auf den Punkt. Zugegeben, ein wenig drastisch. Gleichwohl, eine Rede ist nur dann gut, wenn sie die Zuhörer interessiert. Überprüfen Sie kritisch die „Hotness" Ihres Themas.

Wenn das Thema „passt" und wenn Sie über genügend – spannenden und aktuellen – Stoff verfügen, dann ist alles prima. Ansonsten beginnen Sie mit der Stoffsammlung – Informationen, Beispiele, Zahlen, Daten und Fakten. Was wollen Sie anbieten?

- *Eine gute Rede beginnt mit der Stoffsammlung.*
- *Orientieren Sie sich an Ihren Zuhörern.*

Sprechen Sie den Intellekt und das Gefühl an. Kein Mensch will nur mit Zahlen, Daten und Fakten gefüttert werden. Dann können Sie auch gleich ein Fachbuch verteilen. Mit Emotionen überzeugen Sie. Für jede überzeugende Rede brauchen Sie genau drei Dinge: gute Argumente, gutes Argumentieren und Emotionen. Niemand von uns kauft ein Auto, weil er „ein Auto" möchte. Sie wollen von A nach B fahren oder Eindruck schinden. Menschen haben Bedürfnisse. Im Mittelpunkt jedes erfolgreichen Verkaufs steht die Befriedigung von Bedürfnissen. Nehmen Sie Ihre Zuhörer als Kunden. Warum sollen sie Ihnen zuhören?

- *Was interessiert Ihr Publikum?*
- *Welchen Nutzen bieten Sie?*
- *Wie machen Sie das Thema spannend?*

Betrachten Sie Ihr Thema durch die Augen Ihrer Zuhörer, hören Sie mit ihren Ohren! Nehmen Sie die Interessen Ihres Publikums auf, machen Sie es spannend. Je mehr Sie auf deren Gefühle eingehen, desto größer werden Interesse und Akzeptanz sein.

Den Text schreiben

„Wichtige Menschen" lassen sich von Redenschreibern helfen. Alle anderen greifen selber in die Tasten. Manche allerdings greifen aus Mangel an Ideen oder Zeit oder einem Zuviel an Bequemlichkeit auf vorgefertigte Rede-Bausteine zurück. Im Internet gibt es davon jede Menge, allerdings selten gut geschrieben. Und einige Ihrer Zuhörer werden diese Angebote auch bereits kennen. Gute Teile aus früheren Reden dürfen Sie vor einem anderen Publikum wiederverwenden. Achten Sie allerdings auf Aktualität. Vorsicht bei häufigen Wiederholungen und Lieblingsbeispielen.

Einleitung und Schluss

Ein wirklich gutes Essen beginnt mit dem Amuse-Bouche und endet mit dem Dessert. Genauso verhält es sich mit Ihrer Rede: Planen Sie die Eröffnung sorgfältig. Mit dem guten Start wecken Sie die Lust darauf, Ihnen zuzuhören.

Zum Start

- *Aktuelle Bezüge – aus den Medien, dem Unternehmen*
- *Kernaussage*
- *Neuigkeit*
- *Rhetorische Frage*
- *Prägnante Zahlen, Daten und Fakten*

„Was ist ein Mann im Knast? Artgerechte Haltung!" Der Humor ist ordentlich platt. Er müsste eigentlich Mario Barth ansprechen oder Ina Müller. Dieter Nuhr oder Kurt Krömer würden das vielleicht anders sehen. Humor ist unterschiedlich. Wenn zu Beginn Ihrer Rede alle lachen, ist es toll, einen besseren Einstieg gibt es gar nicht. Schade aber, wenn die Pointe nicht „sitzt". Entscheiden Sie sich im Zweifel für einen anderen Start. Eine gute Alternative kann eine knappe pointierte „Geschichte" sein. Schon in der Bibel wird das Gleichnis erfolgreich eingesetzt.

- *Erzählen Sie eine Geschichte.*
- *Lassen Sie Ihre Zuhörer am Erlebten teilhaben.*

Am Ende fassen Sie das Wichtigste zusammen. Vielleicht wollen Sie zusätzlich einen Vorschlag machen, wie es weitergehen kann, oder Sie wiederholen die Kernaussage. Verboten ist allerdings der Satz „Jetzt komme ich zum Schluss".

- *Eine gute Rede hat einen Rahmen: Start und Ende geben Ihrer Rede Gestalt.*

Der Hauptteil

Der Hauptteil braucht einen guten Aufbau, einen klar organisierten „roten Faden". Er hilft den Zuhörern, Ihrer Argumentation zu folgen. Bewährte Techniken zur Gliederung sind die zeitliche Organisation, die Orientierung an Prioritäten oder der Weg vom Problem zur Lösung. Die Beschränkung auf das Wesentliche unterstützt den Schwung Ihrer Darstellung. Überflüssige Inhalte lenken ab. Sagen Sie nicht alles, was Sie wissen, konzentrieren Sie sich auf das Wichtige. Machen Sie es interessant für Ihre Zuhörer.

„Man darf über alles reden, nur nicht über zehn Minuten."[14] Schon wieder Kurt Tucholsky. Neun DIN-A4-Seiten, ausreichend groß bedruckt oder eine komplette Seite in der Zeitung vom Format der *FAZ* oder der *Welt* – darauf passt der Text für etwa zehn Minuten. Nicht weniger, so viel darf es schon sein. Sonst denkt man, Sie haben nichts zu sagen. Aber bitte auch nicht mehr. Man kommt so leicht ins Schwafeln.

Wenn Sie besonders überzeugend und nachhaltig wirken wollen, überzeugen Sie mit den Erfolgselementen emotionaler Kommunikation: Informationen werden besser wahrgenommen und wirken stärker, wenn sie emotional aufgeladen werden.

Überzeugen werden Sie mit Argumenten, die Sympathie und Nähe erzeugen. Bilder begeistern, nichts überzeugt mehr als gute Beispiele oder die „Stellen sie sich vor"-Formel. Jeder ist gerne Teil einer Gruppe, argumentieren Sie mit Menge und Mehrheit, mit Regeln und „guten" Gewohnheiten. Gerade Zuhörer, die sich selbst für klug und gebildet halten, orientieren sich gerne an Experten oder Autoritäten des Fachs. Exklusivität, besondere Ereignisse, berühmte Menschen –

darauf „fliegen" alle. Mit emotional ansprechenden Argumenten „kriegen" Sie (beinahe) jeden.

- *Klare Struktur – Beschränkung auf das Wesentliche.*
- *Emotional aufgeladene Argumente überzeugen.*

Feedback und Nachbereitung

Ob Rede, Vortrag oder Präsentation – professionelle Nachbereitung legt den Grundstein für weitere erfolgreiche Reden. Holen Sie sich Feedback, informieren Sie sich gezielt darüber, wie zufrieden die Zuhörer und der Veranstalter waren. Wenn möglich, sorgen Sie für eine Aufnahme zur späteren Analyse. Schauen Sie selbstkritisch auf Ihre Leistung, fragen Sie qualifizierte Dritte. Vor allem fragen Sie sich: Was kann ich beim nächsten Mal besser machen? Informieren Sie sich auch einmal über die Konkurrenz. Beschäftigen Sie sich mit Redetexten, setzen Sie sich als Zuhörer ins Publikum.

- *Verschaffen Sie sich gezielt Feedback.*

Von den Besten lernen

Steve Jobs wird auch Jahre nach seinem frühen Tod am 5. Oktober 2011 für seine öffentlichen Auftritte bewundert. Seine Produktvorstellungen waren weit mehr als sachliche Informationen.[15] Wenn Sie sich orientieren wollen: Das Seminar für Allgemeine Rhetorik der Universität Tübingen lässt seit 1998 die „Rede des Jahres" durch eine Jury bestimmen.[16] Schauen Sie doch mal rein. Da finden Sie auch alle Texte.

Allerdings: Auch bei Steve Jobs – langweilig, aber wirksam – begann ein herausragender Auftritt mit der Vorbereitung. Selbst ein „Rockstar" der öffentlichen Auftritte schlendert nicht einfach auf die Bühne und „macht sein Ding". Steve Jobs hat sich akribisch auf seine Präsentationen vorbereitet – das begann mit einem detaillierten Skript mit allen Details zum Ablauf. Alles, wirklich *alles* wurde bis ins Kleinste geplant. Es gibt keine „geborenen" Redner – auch Steve Jobs (wie alle anderen) eignete sich die nötigen Fähigkeiten in vielen Stunden harter Arbeit an.

- *Erfolg = gute Vorbereitung und intensives Üben.*

Kernaussagen – Kernaussagen – Kernaussagen. „MacBook Air: the world's thinnest notebook"[17] (MacBook Air: das dünnste Notebook der Welt). Steve Jobs beschrieb die wesentlichen Eigenschaften seiner Produkte in Twitter-freundlichen (maximal) 140 Zeichen. Diese Botschaften sind gut zu verstehen, sie bleiben besser haften und lassen sich leicht verbreiten. Arbeiten Sie am „richtigen" Satz.

- *Statement = Ihre Botschaft in einem Satz.*

Machen Sie Zahlen, Daten und Fakten lebendig. Das MacBook Air ist dünn, sogar sehr dünn, gerade 1,7 Zentimeter dick. Aber: Wie dick – oder dünn – genau sind denn 1,7 Zentimeter? „It's so thin, it even fits inside one of these envelopes we've seen floating around the office." (Es ist so dünn, dass es sogar in einen dieser Umschläge passt, die überall im Büro herum(f)liegen."). Dazu wurde das Bild eines braunen DIN-A4-Umschlags projiziert. Sonst nichts. So wie kleine müssen auch große Zahlen „übersetzt" werden. 2009 verkaufte Apple 220 Millionen iPods. Das ist ohne Frage viel.

Aber wie viel? Greifbar wird die Zahl, wenn wir erfahren, dass damit drei von vier MP3-Playern aus dem Hause Apple stammen. So erläutern Sie Zahlen, so bringen Sie Ihre Botschaft „an den Mann" (und an die Frau). So erinnert sich jeder an Ihre Aussage.

- *Nur ausgewählte Zahlen, Daten und Fakten.*
- *Übersetzen Sie in Bilder oder Vergleiche.*

Die Fee im Märchen gewährt drei Wünsche, drei Eigenschaften einer Sache können wir uns gut merken: „Today we are introducing three revolutionary products. The first, a widescreen iPod with touch controls. The second is a revolutionary mobile phone. And the third is a breakthrough Internet communications device." Ein iPod mit Breitbild-Display und Touchpad, ein revolutionäres Mobiltelefon und ein neues Gerät zur Kommunikation im Internet – mit diesen Worten stellte Steve Jobs am 9. Januar 2007 das neue iPhone vor. Die Zahl „Drei" funktioniert hervorragend.

Diese „drei revolutionären Produkte" waren in Wirklichkeit ein Gerät, nämlich das neue iPhone. Mit dieser geschickten Wendung hatte Steve Jobs einen Aha-Effekt geplant. Jede Rede, jede Präsentation gewinnt dadurch, dass Sie Ihre Zuhörer überraschen. Schüren Sie Emotionen – emotionale Botschaften erzeugen mehr Aufmerksamkeit. Überraschungen merken wir uns besser als das allgemeine Blabla einer Wieüblich-Präsentation.

- *Konzentrieren Sie sich auf drei – Vorteile oder Merkmale.*
- *Planen Sie Aha-Effekte ein.*

„Stay hungry, stay foolish!"[18] – das sind die letzten Worte aus Steve Jobs großartiger Rede vor den Absolventen der Stanford University am 12. Juni 2005. Trauen Sie sich!

Eine besondere Form der Rede – die Präsentation

„Meine Damen und Herren, ich weiß, dass Sie die Abbildung nicht gut erkennen können, ich wollte Ihnen nur einmal zeigen, wie es ungefähr aussieht." Überirdische Mächte scheinen Menschen zu zwingen, mit Punkt sechs beschriftete Excel-Tabellen allen zu zeigen. Zuhörer beweisen oft grenzenlose Geduld. Sie freuen sich auf das Ende, wenn der Vortragende – immerhin! – bei Folie „83 von 117" angekommen ist. Sie ertragen, dass manche Präsentationen als betreutes Vorlesen interpretieren. Wenn Sie diesen Beitrag lesen, sitzen Millionen Menschen in Besprechungen oder Vorträgen. Die meisten Themen werden dabei mit Power-Point unterstützt.

Der perfekte Auftritt ... kann sogar *mit* PowerPoint gelingen. Denn ein Bild sagt mehr als tausend Worte. Also: Wie können wir Folien besser machen?

Haben Sie PowerPoint – und etwas zu sagen?

Entscheidend für den Erfolg auch einer Präsentation ist der Vortragende – Sie überzeugen, nicht die Folien. Nur Sie können die Zuhörer davon überzeugen, dass der Betrag für die neue Anlage zur Fertigung von Kohlenstoffnanoteilchen eine gute Investition ist. Oder es bleiben Zweifel, dann wird der Antrag abgelehnt.

Das Medium ist Hilfsmittel. Es ist allerdings ein wichtiges Hilfsmittel. Die begleitende Darstellung macht den Inhalt besser verständlich. Bilder stimulieren oder lockern auf, Diagramme illustrieren komplexe Zusammenhänge. Folien können unterstützen. Nicht mehr.

Bessere Präsentationen

- *Folien und Charts unterstützen den Vortrag,*
- *starke Bilder,*
- *knappe griffige Texte*

= *der richtige Rahmen für Ihren überzeugenden Auftritt.*

Nicht gut sind schwindelerregende Folienschlachten, ausformulierte Texte, die den ganzen Raum einnehmen, alberne Karikaturen oder besonders kunstvolle Übergänge zwischen den aufgerufenen Seiten, gerne mit Ton. Die Folien erfüllen – ganz einfach – ihren Zweck, wenn sie ein Thema veranschaulichen, verstärken, verschönern oder (besser) verstehbar machen.

Bitte beachten – ein paar grundsätzliche Gedanken

Orientieren Sie sich an dem – hoffentlich attraktiven – Folien-Master Ihres Unternehmens. Das Layout ändert sich über die Zeit, denken Sie bitte daran, wenn Sie Inhalte aus früheren Folien übernehmen.

Es gibt dann noch ein paar Gesetze (die sich ab und an auch ändern). Texte und Bilder, Inhalte ebenso wie Fotos oder Grafiken unterliegen dem Urheberrecht. Also sollte das Unternehmen die Rechte besitzen oder man muss fragen. Ansonsten geht das nicht. Zuwiderhandlungen können teuer werden. Auch Bilder mit Gästen des von Ihnen finanzierten Events dürfen Sie nur mit deren Zustimmung verwenden.

- *Bilder, Logos und Co unterliegen dem Urheberrecht.*
- *Bitte prüfen, ob Sie das Material verwenden dürfen.*

Weniger ist mehr! Überladene Folien erschweren die Orientierung. Konzentrieren Sie sich auf ein zentrales Thema pro Folie. Als Faustregel gilt, dass Sie pro Folie etwa zwei Minuten lang etwas erläutern. Also reichen meist zehn (inhaltliche) Folien für eine 20-minütige Präsentation. Längerer Input (am Stück) und mehr Folien ermüden. Präsentationen gewinnen durch Abwechslung: Nehmen Sie zwischendurch den Dialog auf, stellen Sie Fragen, diskutieren Sie oder skizzieren Sie etwas am Flipchart. Das Publikum wird Ihnen die Abwechslung danken, Kontakt und Austausch werden intensiver.

- *Weniger ist mehr.*
- *Meist reichen maximal zehn Folien.*

Entscheidend für den Erfolg sind die Orientierung am Publikum und die Struktur. Sie wollen Ihre Zuhörer fesseln, interessieren und überzeugen. Das müssen Sie sich verdienen: Die wenigsten hören Ihnen um Ihrer selbst willen zu. Ihre Ideen verkaufen Sie dann erfolgreich, wenn Ihr Thema und Ihr Standpunkt wichtig oder interessant sind. Und das entscheiden die Zuhörer!

Die Zuhörer erwarten, durch das Thema geführt zu werden. Gliedern Sie Ihren Beitrag. Machen Sie das Ziel Ihrer Präsentation deutlich und erläutern Sie den Weg dahin. Die Beschränkung auf das Wesentliche unterstützt die Konzentration. Überflüssige Inhalte lenken vom Kern der Aussage ab. Erzählen Sie nicht alles, was Sie zum Thema wissen – remember Johnson und die Hotness!

Unser Gehirn versucht, in der Menge von Informationen Strukturen und Muster zu erkennen. Der Überblick zu Beginn gibt diese Struktur. Erläutern Sie das Problem oder den Auftrag, was soll sich ändern. Stellen Sie die Lösung dar und begründen Sie, warum diese Lösung die beste Wahl ist. Erklären Sie den Weg zur Lösung. Beschreiben Sie das erwartete Ergebnis. Fassen Sie das Wesentliche kurz zusammen.

- *Eine klare Struktur für eine gute Präsentation: Auftrag – Lösung – Weg – Ergebnis.*

Eine gute Präsentation braucht eine starke Einleitung. Tun Sie mehr, als den Titel von der Startfolie abzulesen und dann zur Agenda zu schwenken. Machen Sie es spannend – machen Sie den Zuhörern deutlich, warum es sich jetzt lohnt, aufmerksam zu sein. Aktuelle Bezüge, provokante rhetorische Fragen oder die direkte Ansprache. „Danke für Ihre Aufmerksamkeit!" auf der Schlussfolie ist auch nicht wirklich originell. Fassen Sie das Wichtigste zusammen und schlagen Sie vor, wie es weitergehen könnte. Sie können die Kernbotschaft wiederholen oder eine Prognose zum weiteren Gang der Dinge wagen.

- *Konzentration auf die wirklich notwendigen Folien.*
- *Start- und Schlussfolie sind wichtig – Primacy- und Recency-Effekt!*

Verlieren Sie sich auf keinen Fall in Details. Menschen werden nach zehn Minuten unaufmerksam – wenn Sie zu viele (Detail-)Informationen liefern, deutlich früher.

Mensch und Folie

Wenn wir den Mond am Himmel sehen, können wir ihn leicht mit unserer Hand abdecken. Trotzdem glauben wir nicht, dass unsere Hand größer ist als der Mond. Wir wissen, dass er weit entfernt ist und deswegen kleiner erscheint. Wenn unsere Katze sich hinter einem Kissen versteckt und nur ein Teil vom Schwanz und die Ohren hervorlugen, wissen wir trotzdem, dass die ganze Katze hinter dem Kissen hockt. Sehen wir den einzelnen Baum oder den Wald? Aus bloßen Sinneseindrücken werden für uns Objekte im Raum, manche weiter vorne, andere weiter hinten. Manche scheinen eine Gruppe zu bilden, von anderen sehen wir nur einen Teil und erkennen trotzdem das ganze Objekt. Die Gestaltpsychologie untersucht, wie wir Objekte wahrnehmen, wie bloße Sinneseindrücke für uns Gestalt annehmen. Es gibt einige zentrale Prozesse der Gliederung und des Erkennens von Mustern und Zusammenhängen. Das sind die Gestaltgesetze.

Wenn Sie diese „Regeln" bei der Gestaltung Ihrer Folien beachten, werden Sie eine bessere Wirkung erzielen. Die Folien wirken klar und aufgeräumt, und die Botschaft wird auf den ersten Blick deutlich.

Folien + Präsentationen – Gesetze der Gestaltung

Gesetz der Nähe:

Elemente mit geringen Abständen werden als zusammengehörig wahrgenommen.

Gesetz der Ähnlichkeit

Einander ähnliche Elemente werden eher als zusammengehörig erlebt.

Gesetz der guten Gestalt (Einfachheit / Prägnanz):

Wir nehmen bevorzugt Gestalten wahr, die einprägsam und einfach wirken.

Gesetz der guten Fortsetzung:

Linien werden so gesehen, als folgten sie dem einfachsten Weg.

Gesetz der Geschlossenheit:

Strukturen werden bevorzugt als geschlossen wahrgenommen.

Gesetz des gemeinsamen Schicksals:

Zwei oder mehrere sich gleichzeitig in eine Richtung bewegende Elemente werden als Einheit / Gestalt wahrgenommen.

Gesetz der gemeinsamen Region:

Elemente in abgegrenzten Gebieten werden als zusammengehörig empfunden.

Gesetz der Gleichzeitigkeit: Elemente, die sich gleichzeitig verändern, werden als zusammengehörig empfunden.

Gesetz der verbundenen Elemente: Verbundene Elemente werden als ein Objekt empfunden

Bild 4.1 Gestaltgesetze

Folien gestalten – ein Bild sagt mehr als tausend Worte

Wenn der Text „steht", machen Sie sich an die Gestaltung der Folien. Denn diese sollen ja Ihren Vortrag unterstützen, nicht umgekehrt. Jetzt können Sie überlegen, wie Sie den vorgetragenen Inhalt am besten bebildern.

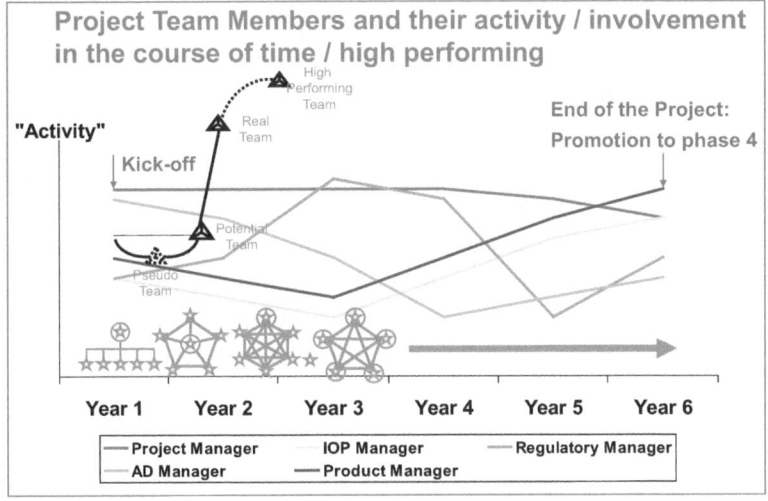

Bild 4.2 So müssen Folien aussehen, dann klappt es auch mit der Präsentation!

So müssen Folien aussehen! Oder vielleicht doch nicht? Menschen lernen besser, wenn sie sich auf die wesentlichen Botschaften konzentrieren. Klare Darstellungen sind besser verständlich und leichter zu erinnern.

Gute Folien tragen dazu bei, Inhalte besser

- *zu verstehen,*
- *zu vermitteln,*
- *zu verankern.*

Die Folien in einer Präsentation sollten möglichst einheitlich gestaltet sein – gleiche Aufteilung, gleiche Bilderwelten, gleiche Farben für identische Aussagen und so weiter. Einheitliche visuelle Muster schaffen Ruhe und lenken den Fokus auf den wichtigen Inhalt.

Gestalten Sie Ihre Folien nach diesen Prinzipien: Die Schriftart ist meist vorgegeben, bei freier Wahl verwenden Sie serifenlose Schriften wie Arial oder Calibri. Beschränken Sie sich auf wenige Schriftgrößen. Alles unter Punkt 16 ist meist schwierig zu erkennen. Der Schriftabstand sollte zweizeilig sein. Beachten Sie die Lesegewohnheiten – in unserem Sprachraum schreibt und liest man von links nach rechts und von oben nach unten. Ein anderer Aufbau des Textes macht es allen unnötig schwer. Groß- und Kleinbuchstaben machen den Text leichter lesbar – nicht „DIESER TEXT", sondern „dieser Text" ist leichter zu lesen.

Achten Sie auf die Farben. Nicht alle bringt der Beamer richtig auf die Leinwand. Auch der feine Unterschied zwischen „Burgunderrot" und „Buttenrot" geht leicht verloren. Empfehlenswert sind gut unterscheidbare Farben. Meist reichen vier Farben. Dunkle Schrift auf hellem Hintergrund kann man besser erkennen. Wenn Ausdrucke geplant sind, müssen diese ebenso in Schwarz-Weiß „funktionieren". Denken Sie auch an Fehlsichtige – etwa neun Prozent der deutschen Männer leiden unter Rot-Grün-Schwäche!

- *Einfache Schrift – ausreichend groß.*
- *Einfache Farben – klare Kontraste.*

Ein Thema pro Folie, eine prägnante Überschrift und eine Kernaussage dazu. Das prägt sich besser ein. Die Abbildung muss den wesentlichen Sinn der Kernaussage reflektieren.

Stellen Sie Kernaussagen in die Mitte. Schlagwörter sind besser als Sätze oder ganze Textausschnitte. Selbstverständlich sind solche Folien nicht selbsterklärend. Diese Folien sollen die Präsentation unterstützen. Wenn ein selbsterklärender Text verlangt wird, schreiben Sie diesen separat.

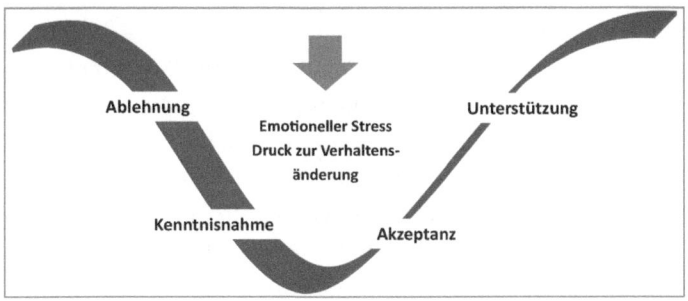

Bild 4.3 Hier ein Beispiel für eine besser gelungene Folie

Ach ja – KONTROLLE. Lassen Sie jemand Drittes drüberschauen, ob Sie alles korrekt „geschribben" haben. Ein Fehlerteufel schleicht sich leicht ein, und nach mehrmaligem Lesen fällt er einem selber nicht mehr auf. Es lohnt sich, den Ablauf zu überprüfen – klappt alles mit den Folien, besonders die Animationen? Wenn Sie in einer Fremdsprache schreiben, ist ein Muttersprachler oder ein anderer Profi im Umgang mit der Sprache eine gute Hilfe.

Mensch und Technik

Technik ist toll und bietet viele Möglichkeiten. Doch sie hilft wenig, wenn sie nicht funktioniert. Darum macht es Sinn, vorher auszuprobieren, ob alles wie geplant klappt. Laserpointer braucht kein Mensch. Entweder werden sie nicht ruhig gehalten oder der Vortragende spielt damit herum. Außerdem unterbrechen Sie den Blickkontakt, wenn Sie mit dem Rücken zum Auditorium auf der Leinwand zeigen, wo es langgeht. Besser ohne. Gute Folien sollten ohnehin so übersichtlich gestaltet sein, dass Sie mit einfachen Beschreibungen ("im linken oberen Quadranten", "auf neun Uhr") alle Hinweise geben können.

In fast allen Fällen erwarten und erhalten die Teilnehmenden ein Handout, zur Dokumentation, zum Nachlesen, für Notizen, noch auf Papier oder inzwischen in vielen Fällen als PDF. Niemand muss mitschreiben. Die Aufmerksamkeit richtet sich auf Ihren Vortrag. Sie können bei Bedarf ergänzendes Material oder Links zu weiteren Quellen hinzufügen. Meist werden diese Unterlagen vor Beginn verteilt, jeder kann sich dann schnell einen Überblick verschaffen.

Technik und mehr

- *Checkliste für die technische Ausstattung erstellen und überprüfen.*
- *Räumliche Anordnung von Möbeln und Geräten klären.*
- *Mit der Nutzung des Raums (Schalter, Stromquellen) und*
- *der Geräte vertraut machen.*
- *Sich als Redner einen Standort suchen – nicht im Bild stehen.*

Die Aufmerksamkeit der Zuhörer sichern

- *Nie mehr als zwei „reine" Textfolien (ohne Grafiken/ Bilder),*
- *Effekte sparsam einsetzen,*
- *nur eine Art Übergangseffekt,*
- *Interaktion mit dem Publikum,*
- *Medien wechseln (Flipchart, freie Rede).*

Erprobte Regeln zur Gestaltung wirkungsvoller Folien

- *Texte von links nach rechts, von oben nach unten schreiben.*
- *Texte strukturieren – Zusammengehöriges steht auch zusammen.*
- *Eine Kategorie = gleiche Farben, gleiche Formen.*
- *Positive Schrift – dunkel auf hell – ist besser lesbar.*
- *Groß- und Kleinbuchstaben sind leichter lesbar.*
- *Gut erkennbare Schriftgröße – Punkt 16 oder mehr.*
- *Serifenlose Schriften sind leichter zu erkennen.*
- *Fünf Zeilen pro Textchart.*
- *Animationen nur zur Betonung der Kernaussage.*
- *Abkürzungen werden meist nur von Insidern verstanden – weglassen!*
- *Ein – aussagekräftiger – Titel pro Folie.*
- *Bilder – Bilder – Bilder.*
- *Maximal zehn inhaltliche Folien.*

Literatur

1 *https://www.youtube.com/watch?v=Tuw8hxrFBH8* – abgerufen am 12.07.2021

2 „Die Rede seines Lebens". *Welt* vom 11.01.2017, S.1

3 *https://www.youtube.com/watch?v=OAhb06Z8N1c* – abgerufen am 12.07.2021

4 Sentker, A.: „Einfach überzeugen". *Zeit* 20 (2016), S.35 – 37

5 Minkmar, N.: „Kleiner Mann, große Rede". *FAZ* vom 24.01.2012, S.29

6 Tucholsky, K.: „Ratschläge für einen schlechten Redner". In: Gerold-Tucholsky, M.; Raddatz, F. J. (Hrsg.): *Kurt Tucholsky. Gesammelte Werke in 10 Bänden. Bd. 8 (1930)*. Reinbek 1975, S.290 f.

7 Lüdke, S.; Voigt, C.; Weidermann, V.: „Zwischen Poesie und Politik". *Spiegel* 13 (2021), S.102 – 105

8 In Kapitel 2 „Einfach cool" gibt es mehr zur Körpersprache.

9 Schwilden, F.: „Mit der Begeisterung des besten Gebrauchtwagenhändlers". *Welt* vom 07.07.2021, S.4

10 *https://de.wikipedia.org/wiki/Yes_We_Can* – abgerufen am 12.07.2021

11 *https://www.deutschlandfunk.de/malala-yousafzai-aus-pakistan-mit-bildung-die-welt.1773.de.html?dram:article_id=458511* – abgerufen am 12.07.2021

12 Loriot: *Loriots Dramatische Werke*. Zürich 2003

13 *https://quotepark.com/quotes/1800125-lyndon-b-johnson-making-a-speech-on-economics-is-a-lot-like-pissing/* – abgerufen am 12.07.2021

14 *https://gutezitate.com/zitat/181121* – abgerufen am 12.07.2021

15 *https://www.youtube.com/watch?v=kvfrVrh76Mk* – abgerufen am 12.07.2021

16 *http://www.rhetorik.uni-tuebingen.de/portfolio/rede-des-jahres/* – abgerufen am 12.07.2021

17 *https://www.youtube.com/watch?v=kvfrVrh76Mk* – abgerufen am 12.07.2021

18 *http://news.stanford.edu/2005/06/14/jobs-061505/*

5

Einfach überzeugen – die besten Argumente

*Das Argument gleicht dem Schuss einer Armbrust –
es ist gleichermaßen wirksam, ob ein Riese oder ein Zwerg
geschossen hat.*

Francis Bacon, Politiker und Philosoph

5

Einfach überzeugen –
die besten Argumente

- *Erfolgreiche Argumentation folgt klaren Regeln.*
- *Einfache Argumente sind starke Argumente.*
- *Überzeugen braucht gute Begründungen.*

Eltern wollen, dass Kinder nicht zwischen geparkten Autos hindurch auf die Straße laufen, Verkäufer wollen, dass Kunden einen Vertrag abschließen. Sie wollen, dass Ihre Kollegin sich mehr im Projekt einbringt, oder es geht Ihnen darum, Ihre Chefin von einer Gehaltserhöhung zu überzeugen. Ständig versuchen wir, das Verhalten anderer Menschen zu beeinflussen.

Wie überzeugen wir andere Menschen?

David Buss[1], Professor für Psychologie an der University of Texas in Austin, identifiziert verschiedene Techniken der Beeinflussung: Wir können unseren Charme einsetzen, Zwang ausüben oder versuchen, jemanden zu überreden. Den größten Erfolg haben Sie allerdings, wenn es Ihnen gelingt, andere zu überzeugen.

- *Bringen Sie überzeugende Argumente vor, und andere Menschen werden Ihrem Vorschlag nicht nur folgen, sie werden es gerne tun.*

An einem durchschnittlichen Tag treffen Menschen bis zu 10 000 Entscheidungen. Dazu gehören so banale wie die Frage, ob wir einen Espresso wollen, und so komplexe wie die Preissetzung in einem Angebot. Wir können mit dieser chaotischen Vielfalt nur halbwegs erfolgreich umgehen, weil wir in den meisten Fällen entscheiden, ohne groß nachzudenken. Der größte Teil der Aktivitäten in unserem Gehirn findet für uns unbewusst statt. Auch viele unserer Handlungen führen wir wenig bewusst aus. Wenn wir beispielsweise durstig sind und nach einem Glas greifen, tun wir das ohne großes Nachdenken, quasi automatisch. Meist fassen wir weder den bewussten Entschluss, zu trinken, noch planen wir den eigentlichen Griff nach dem Glas.

Daniel Kahneman hat (als einer von vielen) in einer Reihe von Experimenten nachgewiesen, dass wir in den meisten Situationen weniger vernunftgesteuert agieren, als wir gerne annehmen. Wir lassen uns meist von unserer Intuition und von Automatismen leiten. Kahneman[2] unterscheidet bei unserem Denk- und Lösungsverhalten zwischen einem „System 1" und einem „System 2". System 1 funktioniert schnell, intuitiv und bildhaft; System 2 hingegen arbeitet rational und analytisch – und dementsprechend langsamer (siehe auch Kapitel 1). Dabei handelt es sich um eine Metapher. Das sind keineswegs getrennte Teile unseres Gehirns.

Antworten Sie bitte einmal – schnell – auf die folgenden Fragen: Wie heißt die Hauptstadt von Frankreich? Was mögen Sie lieber – Vanille- oder Schokoeis? Ist auf Deutschlands Straßen Links- oder Rechtsverkehr Vorschrift?

Paris ist richtig, Rechtsverkehr ebenso, welches Eis Sie bevorzugen, wissen Sie selber ganz genau. Alle Antworten konnten Sie schnell und spontan geben. Ohne wirklich nachzudenken.

Jetzt noch einmal: Wie viel ist 24 mal 17? In welchem Jahr wurde Angela Merkel erstmalig zur Kanzlerin gewählt? Wie hieß der Landwirtschaftsminister der Bundesregierung 2017?

Wieder richtig: 24 x 17 = 408, Angela Merkel wurde im November 2005 erstmalig zur Kanzlerin gewählt und 2017 hieß der Landwirtschaftsminister Christian Schmidt. Bei diesen Antworten mussten Sie jetzt allerdings ein wenig länger nachdenken.

Einfaches Wissen rufen wir ab, ohne lange nachzudenken – Paris. Einfache Entscheidungen treffen wir schnell und unbewusst. Dazu nutzen wir das System 1. Es basiert auf Routine, Erfahrungen und Affekten. Auch viele komplexe Handlungen führen wir automatisch durch – den Griff zum Glas Wasser, das Fangen eines Balls oder auch den Weg zur Arbeit.

System 2 hingegen bestimmt unser überlegtes Handeln – 408. Das nutzen wir immer dann, wenn wir vor komplizierten, neuen oder komplexen Aufgaben stehen – unsere Steuererklärung oder wenn wir mit dem Mietwagen in Südafrika den ungewohnten Linksverkehr meistern müssen. System 2 braucht mehr Zeit und verbraucht mehr Energie. Hier sind Logik, Rechenkünste und andere Kompetenzen gefragt.

In den meisten Fällen – Kahneman und Co sprechen von 80 Prozent – entscheiden Menschen eher unbewusst und wenig rational. Bei vielen Entscheidungen verlassen wir uns auf einfache Heuristiken.

Dan Ariely[3] hat einen Lehrstuhl für Psychologie und Verhaltensökonomie an der Duke University in North Carolina. Ariely erforscht, wie Menschen wirtschaftliche Entscheidungen treffen. Auch seine Forschungsergebnisse zeigen, dass wir in den meisten Situationen keineswegs komplexe Überlegungen anstellen. Durch einfache Heuristiken – Erfahrungsgrundsätze – sparen wir Zeit und Energie, alles ist einfacher.

Situationen sind komplex. Bei jeder Entscheidung müssten wir viele Informationen einbeziehen, andere gezielt außer Acht lassen. Alle Informationen zu einer Situation sind auch nie zugänglich. Allen Aspekten können wir darum nie gerecht werden. Mit einfachen und schnellen Entscheidungen fühlen wir uns in der Regel besser. Wahlmöglichkeiten sind gut, zu viele Alternativen sind nicht gut.

Ein Beispiel: Kunden wurden in einem Supermarkt entweder sechs oder 24 verschiedene Marken einer Marmeladensorte – vielleicht Erdbeere – zur Auswahl angeboten. Bei sechs Marken zur Auswahl kauften etwa 30 Prozent der Kunden ein Glas Marmelade, bei 24 Marken nur noch drei Prozent.[4] Es gibt Grenzen für die Menge an Informationen, die Menschen verarbeiten können – und wollen. Bei kleinerer Auswahl wird mehr gekauft.

- *Wenn Sie verkaufen wollen, begrenzen Sie die Auswahl.*

Wenn Menschen intensiv immer weiter nach einer vielleicht noch besseren Option suchen, sind sie trotzdem – oder gerade deswegen? – mit ihrer Entscheidung in den meisten Fällen weniger zufrieden. Verglichen mit Menschen, die sich schnell mit einer ausreichend befriedigenden Alternative begnügen. In schwer überschaubaren Situationen folgen wir häufig einer einfachen Regel: „Vertraue auf das Bekannte!" und: „Bleibe beim Status quo!"

- *Empfehlen Sie vertraute Lösungen oder verknüpfen Sie Neues mit Bewährtem.*

„Einfach gleich gut" ist eine andere solche Heuristik, an der wir uns orientieren. Wir schätzen es, unsere hochkomplexe Umwelt auf einfach zu verstehende und anzuwendende Elemente zu reduzieren. Einfache Vorgehensweisen, eindeutige Erfolgsmuster oder Patentrezepte überwältigen durch ihren Charme.

- *Je einfacher und klarer die Botschaft, umso überzeugender.*

Ein Beispiel ist das Framing. Stellen Sie sich vor, dass Sie für ein gutes Abendessen eine gute Flasche Wein kaufen wollen, vielleicht einen Bordeaux. Sie gehen im Geschäft am Regal entlang – eine Flasche Château Mouton von 2012 zu 469 Euro, da steht sogar ein Saint-Émilion von 2010 für 1200 Euro – ein stolzer Preis für nur eine Flasche! Doch dann sehen Sie einen 2011er Château Rothschild, auch ein Grand Cru Classé, für nur 79,80 Euro. Den kann man sich schon eher leisten! Richtig günstig für einen wirklich guten Bordeaux! Es kann aber auch anders kommen: Zunächst haben Sie einen Haut-Lavignière aus Saint-Émilion gesehen, für 19,95 Euro, und einen Baron de Rothschild zu 26,95 Euro. Da scheint doch der Preis von 79,80 Euro für den Château Rothschild auf einmal recht hoch.

Die Einschätzung, ob ein Preis hoch oder niedrig ist, hängt von dem Bezugsrahmen ab, den wir bei der Entscheidung heranziehen. Framing wirkt über Preise hinaus: Sie haben bessere Chancen auf eine ausgezeichnete Beurteilung, wenn Ihr Chef sich vorher mit den Leistungen eines schwächeren Kollegen befasst hat.

- *Wenn Sie überzeugen wollen, sorgen Sie für den richtigen Rahmen Ihres Angebots!*

1978 machte Ellen Langer[5] an der Harvard University einen einfachen Versuch: In den 1970ern wurde noch viel kopiert, darum standen nicht selten vier oder fünf Menschen in einer Schlange am Kopierer. Langer ließ nun einen Studenten die Bitte äußern, ihn vorzulassen. Er sagte entweder – Variante 1: „Entschuldigung, ich habe fünf Seiten. Darf ich eben den Kopierer benutzen?" oder – Variante 2: "Entschuldigung, ich habe fünf Seiten. Darf ich den Kopierer benutzen, weil ich Kopien machen muss?" oder – Variante 3: "Entschuldigung, ich habe fünf Seiten. Darf ich den Kopierer benutzen, weil ich in Eile bin?" Menschen sind nett, darum wurde dem Frager sowieso in 60 Prozent der Fälle Vortritt gewährt. Wenn er allerdings eine Begründung lieferte – Variante 2 und 3 – durfte er in mehr als 90 Prozent der Fälle vor. Wenn wir das Wörtchen „weil" hören, gehen wir quasi automatisch auf die Bitte ein. Selbst wenn die Begründung nicht besonders stichhaltig ist – weil ich kopieren muss.

- *Wenn wir unsere Vorschläge BEGRÜNDEN, werden sie deutlich häufiger akzeptiert.*

Überzeugen – überreden: so geht das

Robert Cialdini[6] hat erforscht, mit welchen Begründungen wir uns am besten überzeugen lassen. Er fand, dass man alle wirksamen Argumente in sechs Kategorien einordnen kann:

- Sympathie und Nähe,

- soziale Gründe oder Menge und Mehrheit,

- Besonderheit oder Seltenheit,

- Konsistenz oder Verpflichtung,

- Autorität oder Expertise und

- Reziprozität.

Wenn Sie ein Argument aus einer dieser Kategorien als Begründung wählen, können Sie andere Menschen signifikant besser überzeugen.

Pascal Plisson war mit seiner Doku *Auf dem Weg zur Schule*[7] erfolgreich. Es geht darin um Kinder, die sich ihren Schulweg erkämpfen. Der Film zeigt auch den kleinen Inder Samuel. Samuel ist gelähmt. Seine Brüder ziehen und schieben den Rollstuhl mit Samuel über sandige Wege und durch das Wasser. Niemand kann sie aufhalten in ihrem Kampf um Bildung!

Richtig gut werden Sie überzeugen, wenn Sie für Ihr Argument ein gutes Bild oder Beispiel finden oder wenn Sie dazu eine – kurze – Geschichte erzählen.

- *„Stellen Sie sich vor" – Bilder powern Argumente.*

Sympathie und Nähe

Im Oktober 2015 wurde Jürgen Klopp als neuer Trainer des FC Liverpool vorgestellt. Ein englischer Journalist kam bei der Pressekonferenz auf den spanischen Startrainer José Mourinho zu sprechen. Dieser hatte sich beim FC Chelsea

mit den Worten „I am the special one" eingeführt. Der Journalist fragte darum, wie Klopp sich im Vergleich dazu beschreiben würde. Der erzählte kurz von seiner einfachen
Herkunft und sagte dann den fast schon historischen Satz „I
am the normal one".[8] Dieser Satz war genial – die Herzen der
Fans flogen dem bescheidenen Trainer zu. Nach der Cham-
pions League 2019 hat er 2020 auch den englischen Meister-
titel mit seinem Verein gewonnen.

Wir achten bevorzugt auf Äußerungen oder das Verhalten
von Menschen, die wir mögen. Viele Verkaufsstrategien be-
ruhen auf diesem Prinzip. Von Freunden lässt man sich
leicht etwas empfehlen: einen Wein, ein Buch oder auch ein
Auto. Diese verkaufsfördernde Freundschaft lässt sich auch
simulieren. Entscheidend dabei ist Ähnlichkeit. Wenn Menschen ähnliche Kleidung tragen, dieselben Vorlieben teilen
oder ähnliches Verhalten zeigen, wächst das Vertrauen. Wer
auf einen Gleichgesinnten trifft, schätzt dessen Rat unbewusst als wichtiger ein.

- *Menschen, die uns nahe und sympathisch sind, können
  uns leichter überzeugen.*

Das geht leichter in der passenden Umgebung. Autohäuser
werden nach den Vorgaben der Hersteller so gestaltet, dass
sie das richtige Ambiente für den Markenkern bieten. Verkäufer werden darin geschult, Nähe zum Kunden herzustellen. Am Beispiel der Marke Lexus sehen wir einige Methoden: Der erfolgreiche Verkäufer plaudert mit dem Kunden
über Musik und die Urlaubspläne. Er sorgt dafür, dass sich
der Kunde als Gast im Autohaus fühlt, Kaffee und Ledersofas
unterstützen den Eindruck. Der Verkäufer baut Sympathie
zum Kunden auf.[9] So ist die emotionale Voraussetzung für
den erfolgreichen Verkauf geschaffen.

Gefühlte Nähe ist das Erfolgsgeheimnis der Verkaufskonzepte des Direktvertriebs („Tupperparty"). Das Treffen findet in vertrauter Atmosphäre bei einer guten Bekannten oder gar Freundin statt. Es kommt eine begeisterte „Botschafterin" der Marke. Diese stellt zusammen mit der schon überzeugten Kundin das Produkt den Freundinnen vor. Sie können alles anfassen, ausprobieren und natürlich kaufen. Oft gibt es Prosecco und etwas zu knabbern. In der Regel wird gekauft, häufig mehr als nur ein bisschen, und sei es deswegen, weil man zur Freundin schlechter „Nein" sagen kann. Das System funktioniert hervorragend, zumindest für den Hersteller. Produkte von Reinigungsmitteln über Dildos und Dessous bis zum Thermomix verkaufen sich bestens über Sympathie und Nähe.

- *Gefühlte Nähe ist oft ausreichend.*

Auch im Netz findet diese Nähe statt. Menschen wie Dagi Bee zeigen uns, dass jeder prominent sein kann. Dagi Bee sieht laut *FAZ*[10] aus „wie das Mädchen von nebenan, in das alle Jungs in der Schule verknallt sind. Sie ist klein, hat blond gefärbte Haare und blaue Augen, ist immer gut gelaunt und lächelt ein bezauberndes Fotolächeln." Dagi Bee ist deswegen ein Star, weil sie auf YouTube regelmäßig Videos online stellt, in denen sie Schminktipps gibt, ihre neuesten Einkäufe vorstellt und über Privates plaudert. Sie hat mehr als eine Million Abonnenten, ebenso viele Fans auf Facebook und viele Follower auf Twitter. Tendenz steigend. Wenn Dagmar Kazakov öffentlich auftritt, ist sie von kreischenden Fans umgeben. Für ihre Gemeinde ist sie ein absolutes Vorbild und doch so nahe – das Mädchen von nebenan, nur viel bekannter.

- *Nähe funktioniert auch im Internet.*

Auch Prominente leben vom Faktor Nähe, ohne ihren Bewunderern allerdings gleich so richtig nahezukommen. Presseberichte, Fernsehsendungen, Internet und mehr sorgen dafür, dass wir alles von ihnen wissen. Wir fühlen uns ihnen nahe. Medien platzieren sie beinahe täglich in unserem Wohnzimmer. Sport- und Showstars lassen die Öffentlichkeit an ihrem Privatleben teilhaben, Sucht und Ehescheidung inklusive. Dank Twitter gibt es sogar die Möglichkeit, sie nahezu in Echtzeit zu begleiten. Prominente werden deswegen von vielen Mitmenschen wie gute Bekannte oder sogar Freunde erlebt.

- *Menschen, die uns ähnlich sind, finden wir sympathischer.*
- *Auch physische Nähe schafft Sympathie.*
- *Mitglieder einer Gruppe entdecken mehr Gemeinsamkeiten.*
- *Nähe braucht ein paar private Informationen.*
- *Sympathische Menschen können uns leichter überzeugen.*

Menge und Mehrheit

Bei Sitcoms wie „Friends" oder „The Big Bang Theory" wird häufig Gelächter aus der Konserve eingespielt.[11] Auch wenn wir das wissen, wird eine so unterlegte Episode als lustig(er) eingeschätzt. Wenn Sie – vielleicht im Urlaub – zwei Restaurants mit einer ähnlichen Karte finden, beide sehen nett aus, das eine ist allerdings gut gefüllt, das andere ziemlich leer – in welches gehen Sie dann? Die meisten wählen das Restaurant mit mehr Besuchern. Auch im Internet vertrauen wir eher der Vielzahl guter Bewertungen, wir kaufen das Buch von der Bestsellerliste.

▪ *Wir orientieren uns am Urteil der Menge.*

Das, was viele andere gut finden, halten wir auch selber für gut und sinnvoll. Unser Gehirn nimmt eine Abkürzung, wir bewerten nicht mehr selbst, sondern verlassen uns auf das Urteil anderer.

In der italienischen Oper gab es früher Claqueure, professionelle Opernbesucher, die an den richtigen Stellen heftig applaudierten und laut Bravo riefen. Gegen Bezahlung natürlich. Jeder wusste das, trotzdem konnte sich niemand dem Sog entziehen, der durch den stürmischen Beifall ausgelöst wurde. Allerdings: Wenn die Sänger zu schlecht waren, gab es keinen Beifall. Entsprechend ihrer Berufsehre gaben die Claqueure dann auch das Geld zurück.

Die Werbung teilt uns mit, dass sechs von zehn Kunden ein Konto bei der Sparkasse haben oder dass Spanien eines der beliebtesten Reiseziele der Deutschen ist. Mit dieser Wahl kann ich also nichts falsch machen. Ihr Vorschlag hat in der Besprechung deutlich bessere Chancen, wenn Sie darauf verweisen können, dass auch der Kollege aus dem Marketing und die Kollegin aus der Produktion Ihre Idee unterstützen. Die Menge macht's.

▪ *Wir schließen uns bevorzugt der Mehrheit an – das gibt Sicherheit.*

Das Internet eröffnet neue Wege, Mehrheiten zu organisieren. Auf WhatsApp können Sie schnell eine Meinung organisieren, viele „Likes" auf Facebook machen Produkte schnell bekannt, bei Amazon lesen Sie die Produktbewertung anderer Käufer. Crowdfunding sorgt für schnelle Finanzierung auch von ganz besonderen Vorhaben· Je mehr schon gespendet haben, desto schneller wächst die Summe. Sich an den Menschen in unserem Umfeld zu orientieren, erspart uns in vielen Situationen die Notwendigkeit, eigene Erfahrungen zu sammeln.

- *Wir schließen uns gerne der Meinung einer Mehrheit an.*
- *Eine Vielzahl zufriedener Nutzer überzeugt.*
- *Wenn es viele tun, muss es schon darum richtig sein.*
- *Stimmt das eigene Handeln mit dem der Mehrheit überein, gibt uns das Sicherheit.*
- *Wenn wir die Normen der Mehrheit einhalten, fühlen wir uns zugehörig.*
- *Wer die Meinung der Gruppe übernommen hat, ist immun gegen „fremde" Einflüsse.*

Besonderes und Seltenes

Der 1. November ist der Tag des Einhorns. Darum verkaufte Ritter Sport 2016 an eben diesem Datum eine Sonderedition Einhorn, dreischichtige weiße Magermilchschokolade mit Johannisbeer- und Himbeerpulver und Himbeerstückchen. Am nächsten Tag waren alle Tafeln ausverkauft. Produziert wurden knapp 100 000 Stück. Eine echte Rarität also, gemessen an den mehr als drei Millionen Tafeln, die Tag für Tag von dem Unternehmen hergestellt werden. Wegen des Ansturms gab es weitere knapp 150 000 Tafeln. Gleichwohl wurde die Schokolade im Internet zu dreistelligen Fantasiepreisen gehandelt, und auch jetzt noch gibt es Sammlerstücke zu 50 und mehr Euro. Selten = kostbar.

Auf einem Flug von Paris nach London kippte der Schauspielerin Jane Birkin ihre überfüllte Reisetasche um. Der Inhalt ergoss sich über den Kabinenboden. Jean-Louis Dumas, der Herr des Hauses Hermès, las den Inhalt auf, ganz Gentleman. Er plauderte auf dem Flug mit Jane Birkin über unpraktische Taschen wie ihre Henkeltasche aus Stroh. Wieder daheim ließ er, ganz Businessman, eine passende Tasche entwerfen. Die Birkin Bag ist einer der Top-Seller des Unternehmens. Der Kunde zahlt für die Birkin Bag von Hermès ab etwa 7000 Euro, eine „Birkin" aus weißem Krokodilleder mit Beschlägen aus Weißgold wurde unlängst bei Christie's für mehr als 300 000 Dollar versteigert. Davon sollen allerdings auch nur drei pro Jahr hergestellt werden. Selten = kostbar.

- *Besonderes ist wertvoll.*
- *Seltenes verleiht dem Besitzer Prestige.*

Was schwerer erreichbar ist, erscheint uns allein deshalb wertvoller. Fast unabhängig davon, ob es um 100 oder 100 000 Euro geht. Im Marketing wird das Prinzip der Knappheit schon lange genutzt. Limitierte Auflagen sind ein beliebtes Mittel, ebenso zeitlich begrenzte Angebote.

Schon in der täglichen Wahrnehmung spielt das Konzept der Seltenheit oder Besonderheit eine wichtige Rolle. Wenn wir nicht gerade aktiv Ausschau halten, werden wir besonders auf das aufmerksam, das herausragt. An solche Personen oder Objekte erinnern wir uns besonders gut. Das gilt allgemein für Personen, die eine besondere Bedeutung für uns oder für die Allgemeinheit haben = Prominente. Um Zugang zu besonderen Ereignissen oder Personen zu erhalten, sichern sich Unternehmen für ihre Manager und für ausge-

wählte Kunden unter Einsatz erheblicher Sponsorengelder
den exklusiven Zugang. Darum zahlen Hersteller für die Ver
bindung von Berühmtheiten mit ihren Produkten. Manchmal
offensichtlich in Spots oder Anzeigen, in den sozialen Medien häufig, ohne dieses bezahlte Engagement als Werbung
zu deklarieren. Nicht immer ganz legal, aber immer lukrativ.

- *Prominente sind für viele Menschen Leitfiguren.*

Albert Bandura[12] wies in seinen Studien zum Modelllernen
nach, dass Lernen nicht nur durch eigenes Verhalten mit Belohnung oder Strafe stattfindet, sondern indem wir soziale
Modelle beobachten. Je näher mir das Modell steht oder je
größer die Wichtigkeit des Modells – das sind dann Prominente –, desto höher die Wahrscheinlichkeit zur Übernahme
des Verhaltens.

Exklusive und seltene Produkte, Prominente, Geheimrezepte,
der gut bewachte Zugang zu exklusiven Klubs, mindestens
fünf Bürgen für den Antrag auf Mitgliedschaft und nur auf
Einladung, nur noch wenige Artikel, bald ausverkauft – all
das erzeugt in uns den Wunsch, das Objekt der Begierde zu
erreichen, mehr Geld auszugeben, lange anzustehen oder soziale Verrenkungen zu unternehmen.

- *Besonderes ist begehrt. Menschen wollen sich
  differenzieren.*
- *Seltenes erscheint darum besonders wertvoll.*
- *Besondere Produkte, Momente oder Menschen
  überzeugen.*
- *Stellen Sie das Besondere heraus.*
- *Machen Sie das Angebot knapp oder befristen Sie
  es zeitlich.*

Konsistenz und Verbindlichkeit

Das kleine Ja schafft Verbindlichkeit – die Probefahrt mit dem Auto, eine Anzahlung, um sich den Artikel reservieren zu lassen, Kunden haben damit bereits eine Vorentscheidung getroffen. Machen Sie eine kostenlose Analyse (eine Vermögensanalyse oder das Angebot „Wir schätzen unverbindlich den Wert Ihres Hauses") – schon fühlt sich der Kunde zumindest zum Gespräch verpflichtet, oft sagt er dann auch Ja zum Auftrag.

Menschen mögen Verlässlichkeit. Sie möchten konsistent handeln. Wer eine Entscheidung getroffen hat, der ändert sie nur ungern. Das macht das Leben einfacher. Wir müssen nicht andauernd neu entscheiden. Ebenso werden wir gerne als jemand eingeschätzt, der zu seinem Wort steht. Dieses Verhalten wird sozial positiv bewertet.

- *Menschen versuchen, konsistent zu handeln.*

Viele Verkaufstechniken machen sich diese Tendenz zu eigen:

- *Low Balling:* Der Verkäufer möchte gerne ein hochwertiges Produkt mit vielen Extras verkaufen. Der Kunde will nur ein einfaches Produkt kaufen. Im ersten Schritt holt sich der Kundenberater von seinem Gegenüber die Zustimmung für den Kauf. Im nächsten Schritt gibt es dann Lieferprobleme oder wichtiges Zubehör fehlt. Das Produkt ist also nicht verfügbar. Der Kunde hat schon einmal zugestimmt und bleibt meist auch bei seiner Entscheidung. Darum lässt er sich dann von einem teureren Produkt überzeugen.

- *Forced-Compliance-Paradigma:* Einige Firmen erzeugen positive Einstellungen zu einem Produkt, indem sie zu einem Wettbewerb einladen und beispielsweise Werbeslogans erfinden lassen. Mit der Methode kann sogar ein Wandel der Einstellung erreicht werden. Durch das Erfinden des positiven Slogans entsteht bei vorher kritisch eingestellten Personen kognitive Dissonanz. Diese kann nur durch Korrektur der Einstellung reduziert werden.

- *Foot-in-the-door-Technik:* Bei dieser Strategie wird durch den Verkauf besonderer Angebote die Bindung von Personen an ein Unternehmen bzw. ein Produkt erreicht. Obwohl diese Angebote zunächst nicht profitabel sind, bewirken sie, dass Gelegenheitskäufer zu Kunden werden und der Marke oder dem Produkt treu bleiben.

> - *Von anderen Menschen erwarten wir über Situationen hinweg konsistentes Verhalten.*
> - *Solche Menschen schätzen wir als ehrlich und verlässlich ein.*
> - *Auch unser eigenes Handeln sehen wir gerne als konsistent.*
> - *Einmal getroffene Entscheidungen ändern wir ungern.*
> - *Absichtserklärungen verpflichten uns zur Umsetzung.*

Auch Regeln schaffen Kontinuität: Ohne Gesetze und Regeln hätten wir im Großen und im Kleinen schnell ein Chaos – Mehrfamilienhäuser haben eine Hausordnung, und die globalen Finanzmärkte wurden nach dem Crash 2008 immerhin ein wenig intensiver geregelt. Auch außerhalb des staatlichen Bereichs gibt es Regeln, Zertifikate und Normen. Zertifiziert wird der Kundenprozess einer Beratung ebenso wie die Produktion eines Feuerzeugs. Auch technische Normen sind selbstverständlich. Sie haben zu der in Europa überall einheitlichen Netzspannung von 230 Volt geführt. Das Deutsche Institut für Normung in Berlin hat in den nahezu 100 Jahren seines Bestehens mehr als 33 000 Normen entwickelt.

- *Normen, Regeln und Werte sorgen für Ordnung.*
- *Sie steuern Verhalten.*

Regeln ordnen unsere Welt. In geordneten Bahnen läuft unser Leben meist besser ab, Verantwortlichkeiten sind klarer. Gesetze und Regeln werden meist eingehalten, die guten und die schlechten, die sinnvollen und die sinnlosen. Informelle und formale Regeln gelten in jeder Gruppe. Sie steuern das Verhalten der Mitglieder. Es gibt eine Vielzahl von offiziellen Regelungen – von der Betriebsordnung bis zur Vereinssatzung – und viele ungeschriebene Regeln. Macht hat, wer diese Regeln bestimmt und ihre Beachtung belohnen oder Verstöße bestrafen kann.

- *Normen, Regeln und Werte ordnen und vereinfachen unser Zusammenleben.*
- *Sie geben Sicherheit – so macht man es richtig.*
- *Regeln übernehmen wir häufig ungeprüft.*
- *Der Appell, Regeln einzuhalten, hat meist Erfolg.*
- *Argumentation mit akzeptierten Regeln überzeugt.*
- *Macht hat, wer die Spielregeln definiert.*

Expertise – Autorität

Nur einer weiß über alles Bescheid: „I know more about dro-
nes than anybody. Nobody knows more about taxes and in-
come than I do. Nobody knows more about banks than I do."
Wer sagt so etwas allen Ernstes von sich selber? Ein letztes
Zitat zur Aufklärung: „Nobody in the history of this country
has ever known so much about infrastructure as Donald
Trump."

Ansonsten brauchen wir immer wieder das Wissen von Experten: Impfen oder nicht? AstraZeneca oder BioNTech? In
Urlaub fahren oder besser noch nicht? Delta oder Lambda?
Wir leben in einer komplexen Welt. Darum suchen wir nach
Orientierung. Experten helfen uns, Antworten auf schwierige Fragen zu finden. Experten geben uns das Gefühl, uns in
einem komplexen Umfeld halbwegs sicher zu bewegen.

Wissen ist nach John French und Bertram Raven eine wichtige Quelle der Macht. Expertise ist damit eine strategische
Ressource. Häufig reicht es sogar, eine x-beliebige Studie an-
zuführen. Eine Demonstration lieferten Diana Löbl und Peter
Onnecken.[13] Sie hatten für ZDF und Arte eine Studie des –
fiktiven – Institute for Diet and Health erfunden, die zu
dem Schluss kam, dass Schokolade ernährungsphysiologisch
überaus gesund sei und keineswegs dick mache. Die Ergebnisse wurden von vielen Medien und von den Social Media
begeistert übernommen und weiterverbreitet.

- *Wissen ist Macht.*
- *Wir glauben an Experten.*

Auch sind sich Fachleute keineswegs immer einig und haben
auch nicht immer recht. Hier eine kleine Zusammenstellung

von Expertenurteilen: „Maschinen, die schwerer sind als Luft, können unmöglich fliegen" (Lord Kelvin, Mathematiker und Physiker, 1895) – „Die Aktienkurse haben so etwas wie ein dauerhaftes konstant hohes Niveau erreicht" (Irving Fisher, seinerzeit sehr renommierter Professor für Ökonomie, einen Tag vor dem Börsencrash am „Schwarzen Freitag") – „Ich denke, dass es einen Weltmarkt für vielleicht fünf Computer gibt" (Thomas Watson, langjähriger IBM-Chef, 1943).[14]

Genug gelästert. Natürlich verdienen Experten und seriöse Wissenschaftler Respekt. Wir brauchen Experten, um uns den Weg durch das Dickicht des Fachwissens zu weisen. Wie werden Sie als Experte anerkannt? Idealerweise kennen Sie sich tatsächlich mit einem Fachgebiet aus, vorzugsweise, weil Sie sich länger und intensiver damit beschäftigt haben. Das darf gerne mehr als ein bloßer Studienabschluss sein, ein paar Jahre Praxis helfen sehr.

Eine Promotion weist vertiefte Kenntnisse auf einem Fachgebiet nach. Allerdings sollte der Doktortitel ehrlich erworben sein, dann kommt der Titelträger später nicht in die Verlegenheit, ihn wieder aufgeben zu müssen. Die Politiker mit zusammengeschusterter Dann-doch-nicht-Promotion sind inzwischen Legion: Karl-Theodor zu Guttenberg, Annette Schavan, Andreas Scheuer, Franziska Giffey, um nur einige zu nennen. Auch Manager und Berater sind vor derlei Vergehen nicht gefeit. Also: Wenn denn die erforderliche Qualität dahintersteht, sind Promovierte und Professoren durchaus respektable Experten – in ihrem Fachgebiet.

■ *Experten überzeugen. Ihr Rat wird gesucht und anerkannt.*

Als Experten gelten in der Öffentlichkeit vor allem die Menschen, die mit ihrem Thema auch medial präsent sind. Ob sie nun in den Medien auftauchen, Vorträge halten, Bücher schreiben – Autorität als Experte bekommt man durch Präsenz. Sobald jemand auf dem Podium steht und redet; sobald er veröffentlicht ist oder federführend bei einem Kongress wirkt, schreibt man ihm eine gewissen Autorität für sein Thema zu. Finden Sie eine spezielle Nische – werden Sie sichtbar in dieser Nische. Verschaffen Sie sich ein klares Profil und vertreten Sie eine klare Meinung. Finden Sie Ihren speziellen Ansatz.

Unsere Tendenz, Experten zu folgen, bezeichnet die Psychologie als Authority Bias. Das beginnt mit den Eltern, denen Kinder zunächst eine gewisse Expertise für das Leben zuschreiben. Der Bias setzt sich über Lehrer, Ärzte, ja sogar persönliche Idole fort. In allen Handlungsfeldern, in denen wir uns selber nicht so gut auskennen, vertrauen wir dem Wissen und dem Urteil von Experten. Einmal akzeptiert, wird das Wissen von Experten meist nicht mehr infrage gestellt. Schließlich steigen wir auch vertrauensvoll ins Flugzeug und erwarten, dass uns eine gut geschulte Crew sicher ans Ziel bringt. Oder haben Sie sich schon einmal die Lizenz des Piloten zeigen lassen, bevor Sie zu Ihrem Platz gegangen sind?

Einen weiteren Beitrag zur Akzeptanz von Experten leistet der Halo-Effekt. Das ist unsere Tendenz, sich von einzelnen prägnanten Merkmalen in der Beurteilung anderer Menschen beeinflussen zu lassen. Der Experte gilt dann allgemein als kundig, auch jenseits seiner Expertise.

Experten können neben Personen auch Institutionen sein. Wenn auf Ihrem Nummernschild das Siegel vom TÜV oder von der DEKRA klebt, wird Ihr Fahrzeug als fahrtüchtig anerkannt. Es bleibt zu hoffen, dass die Prüfer sorgfältiger arbeiten als bei der Prüfung von Brustimplantaten oder Staudämmen in Lateinamerika.

In einer – immerhin aus Steuergeldern finanzierten – Sonderveröffentlichung in der *Frankfurter Allgemeinen Zeitung* offenbart uns das Land Baden-Württemberg in der Rubrik „Fakten, Fakten, Fakten" Erstaunliches: „Viele Studenten: In Baden-Württemberg gibt es etwa 330 000 Studenten. Die meisten davon an Universitäten und Fachhochschulen, aber auch das duale Studium ist sehr beliebt."[15] Aha. 330 000 sind ziemlich viele, allerdings verschweigt uns die Nachricht, ob es mehr Auszubildende oder mehr Studenten gibt, und wir erfahren auch nicht, ob in Baden-Württemberg mehr junge Menschen studieren als beispielsweise in Nordrhein-Westfalen oder in Bayern. Genau genommen lesen wir nur ein paar Zahlen. Für sich genommen sagen sie wenig aus.

Behauptungen werden gerne mit Zahlen untermauert. Zahlen wirken präzise und richtig. Sie unterstützten unser Bedürfnis nach Sachlichkeit und Sicherheit. Mit exakten – und belegbaren – Zahlen, Daten und Fakten lässt sich Expertise gut untermauern.

- *Die Welt ist kompliziert.*
- *Darum orientieren wir uns in schwierigen Situationen an Experten.*
- *Nutzen Sie Zahlen, Daten und Fakten zur Untermauerung Ihrer Expertise.*
- *Mit Expertenstatus können Sie gewinnen.*
- *Wenn wir unsicher sind, lassen wir auch gerne Autoritäten für uns entscheiden.*

Reziprozität – so kriegen Sie jeden

Servicepersonal bekommt mehr Trinkgeld, wenn mit der Rechnung Bonbons, ein Stück Schokolade oder Pfefferminze gereicht werden.[16] Wer gibt, dem wird gegeben. Das ist das Prinzip der Gegenseitigkeit. Reziprozität ist tief in unserer Gesellschaft verankert. Wenn Menschen etwas geschenkt bekommen, spüren sie eine moralische Verpflichtung, auch etwas zurückzugeben, die Einladung zum Essen wird mit einer Gegeneinladung ausgeglichen.

Gegenseitiges Helfen bewerten wir instinktiv als positiv. Das ist evolutionär fest verdrahtet. Helfen unterstützt das Zusammenleben in Gemeinschaften. Der niederländische Zoologe und Evolutionsforscher Frans de Waal hat sich näher mit diesem Verhalten beschäftigt. In Studien mit Menschenaffen zeigte er, dass man als Affe leichter gelaust wird, wenn man zuvor anderen den Pelz gelaust hat.[17] Es lässt sich nachweisen, dass bei den Tieren in solchen Situationen besonders die Hirnareale aktiv sind, in denen die Empfindungen von Belohnung verarbeitet werden. Gegenseitiges Helfen wird vom Gehirn als positiver Zustand gewertet.

Es geht bei der Reziprozität nicht darum, dass andere etwas einfordern, was ich schuldig wäre. Reziprozität ist mein eigenes Gefühl, verpflichtet zu sein. Schließlich will ich zu den „Guten" gehören. Menschen werfen weniger Abfall in die Gegend, wenn wir ein Bild mit einem Augenpaar auf Augenhöhe anbringen. Die Wirkung hat weniger damit zu tun, dass die Menschen sich beobachtet fühlen. Es wird vielmehr die Selbstreflexion angeregt, wie bei dem Blick in einen Spiegel. Da wir uns – eigentlich – für ordentliche Menschen halten, werfen wir nach einer solchen Intervention den Abfall doch lieber in den Papierkorb.[18]

- *Reziprozität ist der Appell an unser positives Selbstbild.*
- *Wir sehen uns als „eigentlich" gute Menschen.*
- *Darum revanchieren wir uns für Freundlichkeit.*

Beziehungen sind ein soziales Äquivalent für die gegenseitige Fellpflege unserer Verwandten. Gute Beziehungen schaden nur dem, der sie nicht hat. Man kennt sich, mag sich und hilft sich. Gute Beziehungen können Wege bahnen. Netzwerke funktionieren, weil die Mitglieder eines Netzwerks die Möglichkeit haben, sich gegenseitig zu belohnen. Aufmerksamkeit und Nähe sind die immateriellen Belohnungen, Hinweise auf freie Stellen beispielsweise sind die materiellen. Gegenseitiges Lausen auf hohem Niveau. Wiederum nicht, weil es eingefordert wird, sondern weil man sich verpflichtet fühlt.

Die Social-Exchange-Theorie – die Theorie des sozialen Austauschs – von George C. Homans[19] sowie John W. Thibaut und Harold H. Kelley[20] beschreibt, dass wir eine stärkere Befriedigung aus unseren Beziehungen zu anderen Menschen empfinden, wenn alle von dem Austausch profitieren. Veränderungen und Stabilität in unserem sozialen Umfeld sind das Ergebnis des regelmäßigen Austauschs zwischen den Beteiligten. Soziales Verhalten ist ein Austausch von Gütern – materielle wie Geld und immaterielle wie Prestige. Menschen, die viel investieren, wollen ihrerseits profitieren. Menschen, die viel bekommen, stehen unter dem Druck, ihrerseits viel zu geben.

- *Reziprozität unterstützt die Pflege von Beziehungen in Gruppen.*

Wie können Sie das Prinzip der Gegenseitigkeit für gute Beziehungen einsetzen? Sie können in Vorleistung gehen, mit einer Gratisprobe des Know-hows, in Form von konkreter Hilfe oder Fachartikeln und Vorträgen. Planen Sie Verhandlungsspielraum ein – gehen Sie mit Forderungen in eine Verhandlung, die etwas höher sind als das angestrebte Ziel (aber nicht astronomisch hoch, „trumpen" lohnt meist nicht). Wenn Sie dann Ihrem Partner entgegenkommen, wird er das in den meisten Fällen honorieren. Oder Sie liefern die Belohnung *vor* der Gegenleistung: Das konnte beispielsweise Cialdini in einem Versuch zeigen – Kunden, die vorab einen Dollar in bar erhalten hatten, schickten den Umfragebogen deutlich häufiger zurück als Kunden, denen fünf Dollar als nachträgliche Belohnung versprochen wurden! Wenn wir eine Warenprobe bekommen, sind wir offener für einen Kauf.

- *Soziales Verhalten ist Austausch – emotional und materiell.*
- *(Auch kleine) Geschenke schaffen Verpflichtung.*
- *Erwiesene Gefallen oder Geschenke wollen wir zurückgeben.*
- *Wir müssen nicht immer selber profitieren – es reicht, wenn unsere Gruppe Vorteile hat.*
- *Wenn Sie überzeugen wollen, gehen Sie am besten in Vorlage.*

Recht hat, wer eine Geschichte erzählt

Ulrich „Richie" Engler[21] erzählte den Menschen eine tolle Geschichte: Bereits im Alter von 18 Jahren ging er mit seiner Freundin nach Amerika, hatte den ersten Job bei der Chase Manhattan Bank, stieg bis zum Chefhändler für das internationale Derivategeschäft und Bankanleihen auf. „From rags to riches" – eine typisch amerikanische Erfolgsgeschichte. Dort lernte er auch, wie man mit Aktien reich wird. Er sammelte von Hunderten Anlegern mehr als 500 Millionen US-Dollar für seinen Fonds ein. Die Geschichte hätte einer Überprüfung nicht standgehalten: In Wirklichkeit machte Herr Engler nur einen Hauptschulabschluss, arbeitete dann ein paar Jahre eher erfolglos in wechselnden Jobs. Am Ende wurde er wegen verschiedener Betrugsdelikte verurteilt. 1997 startete die Zweitkarriere in den USA. Niemand – weder erfolgreiche Sportler noch Bankvorstände, keiner der etwa 5000 Anleger überprüfte Englers Story von der Karriere bei der Chase Manhattan. Dabei hätte ein Anruf genügt. Alle „investierten" sechsstellige Summen. Unnötig zu erwähnen, dass es sich nur um ein Schneeballsystem handelte. Das Geld war irgendwann einfach weg.

Ihre Argumente wirken stärker, wenn Sie diese in eine – kurze – Geschichte kleiden, wenn Sie mit Beispielen, Bildern oder Anekdoten arbeiten. Das „funktioniert". Seit den Zeiten des Buchs Gilgamesch, der Ilias oder der Bibel lassen Menschen sich von Geschichten faszinieren. Stimmige Geschichten und Bilder schaffen Wirklichkeit – auch weil sie damit an unser visuelles System und unser Vorstellungsvermögen appellieren. Bilder und Geschichten bleiben länger in Erinnerung, weil sie mit emotionalen Inhalten verknüpft werden und dadurch intensiver wirken.

Unternehmen haben die besondere Qualität von Bildern und Geschichten erkannt. Die Bootsschuhe von Paul Sperry[22] sind nicht einfach nur Bootsschuhe. Der Gründer machte beim Segeln die Erfahrung, wie leicht man auf dem schlüpfrigen Deck ausrutschen kann. Die richtige Idee kam ihm, als er dann eines Tages seinem Hund dabei zusah, wie einfach dieser über eine Eisfläche laufen konnte. Paul Sperry schnitt

Rillen in die Gummisohlen der Schuhe, ähnlich denen der Hundepfoten. Der erste Bootsschuh war geboren. So weit das Unternehmen.

Eine Serviette hat sogar Weltgeschichte geschrieben[23]: Der Ökonom Arthur B. Laffer traf sich 1974 mit den – damals noch – Nachwuchspolitikern Dick Cheney und Donald Rumsfeld. Laffer erläuterte ihnen seine Theorie zu den Zusammenhängen von Steuersätzen und Steueraufkommen. Dieser Theorie folgend verläuft das Steueraufkommen wie eine Parabel – der Scheitelpunkt ist die Stelle, an der der Staat ein maximales Steueraufkommen kassiert. Links und rechts des Scheitelpunktes gibt es zwei Steuersätze, die ein identisches Steueraufkommen garantieren. Laffer soll diese Erläuterungen auf eine (Stoff-)Serviette des noblen Restaurants Two Continents gemalt haben. Erst die Publikation der Geschichte im *Wall Street Journal* führte dazu, dass die „Laffer-Kurve" bekannt wurde. Eine nüchterne Kurve, ohne ausreichende empirische Grundlage, machte dank Storytelling Karriere. Ronald Reagan formulierte auf der Grundlage dieser Idee seine Steuerpolitik. Eine Entscheidung, die in der Folge für radikale Ungleichheit in der amerikanischen Gesellschaft sorgte.

Kleiden Sie Ihre Vorschläge in Geschichten und Bilder. So überzeugen Sie richtig! Bringen Sie zumindest ein Beispiel, wie es mit Ihrem Vorschlag besser geht!

- *Bilder, Beispiele und Geschichten wirken emotional.*
- *Sie vereinfachen komplexe Themen.*
- *Bilder bleiben besser im Gedächtnis.*

Literatur

1 Buss, D.D.; Gomez, M.; Higgins, D.S.; Lauterbach, K.: "Tactics of manipulation". *Journal of Personality and Social Psychology* 52 (1987), S.1219 – 1229

2 Kahneman, D.: *Thinking, fast and slow.* London 2011

3 Ariely, D.: *Denken hilft zwar, nützt aber nichts.* München 2015

4 Iyengar, S.S.; Lepper, M.R.: "When choice is demotivating: Can one desire too much of a good thing?". *Journal of Personality and Social Psychology* 79 (2000), S.995 – 1006

5 Langer, E.; Blank, A.; Chanowitz, B.: "The Mindlessness of Ostensibly Thoughtful Action: The Role of 'Placebic' Information in Interpersonal Interaction". *Journal of Personality and Social Psychology* 36 (1978), S.635 – 642

6 Cialdini, R.B.: Influence. *The Psychology of Persuasion.* New York 1984

7 Neumann, R.: *Sag doch Ja!.* Göttingen 2015

8 *https://www.welt.de/sport/fussball/internationale-ligen/article1474104 56/Darum-ist-Klopps-I-am-the-Normal-One-Satz-genial.html* – angerufen am 13.07.2021

9 *http://www.zeit.de/2012/19/Verkaeufer-Autohaendler/komplettansicht? print=true* – abgerufen am 13.07.2021

10 *http://www.faz.net/aktuell/feuilleton/medien/youtube-star-dagi-bee-dagi-und-wie-sie-die-welt-sieht-13120516.html?printPagedArticle=true* – abgerufen am 13.07.2021

11 *https://www.welt.de/kmpkt/article197242961/Witzig-Welche-Wirkung-eingespielte-Lacher-in-Sitcoms-haben.html* – abgerufen am 19.07.2019

12 Bandura, A.: *Social Learning Theory.* Englewood Cliffs 1977

13 *https://k22film.de/project/schlank-durch-schokolade-eine-wissen schaftsluege-geht-um-die-welt/* – abgerufen am 13.07.2021

14 Brater, J.: *Keine Ahnung, aber davon viel.* Berlin 2011

15 *Frankfurter Allgemeine Zeitung* Anzeigen-Sonderveröffentlichung/ Innovationsstandort Baden-Württemberg, 19./20. Juli 2014, S. C 9

16 Strohmetz, D.B. et al.: "Sweetening the till: The use of candy to increase restaurant tipping". *Journal of Applied Social Psychology* 32 (2002), S.300 – 309

17 Brosnan, S.F.; Waal, F.B.M.d.: "Monkeys reject unequal pay". *Nature* 425 (2003), S.297 – 299

18 Bateson, M. et al.: "Watching eyes on Potenzial litter can reduce littering: evidence from two field experiments". *PeerJ* vom 01.12.2015, *https://peerj.com/articles/1443/* – abgerufen am 13.07.2021

19 Homans, G.C.: "Social Behavior as Exchange". *American Journal of Sociology* 63 (1958), S. 597 – 606

20 Thibaut, J.W.; Kelley, H.H.: *The social psychology of groups.* New York 1959

21 *https://www.wiwo.de/finanzen/geldanlage/ulrich-richie-engler-ein-opfer-seiner-gier/7201944-8.html* – abgerufen am 13.07.2021. *https://www.welt.de/vermischtes/weltgeschehen/article108411761/FBI-fasst-deutschen-Betruegerkoenig-Ulrich-Engler.html* – abgerufen am 13.07.2021

22 *https://www.sperry.com/CA/en_CA/our-story/?icid=navigation-header-discover*

23 Hank, R.: „Vom Weltruhm einer Serviette". *FAS* vom 16.04.2017, S. 24

6

Einfach beeindrucken –
authentisch mit Charisma

Wenn ich will, bin ich weiß oder ein Hund oder ein Stuhl.
Whoopi Goldberg, Schauspielerin

6

Einfach beeindrucken –
authentisch mit Charisma

- *Authentisch ist einfach und klar.*
- *Die meisten mögen „authentisch".*
- *Authentisch ist manchmal „zu echt".*

Die Engländer haben es geschafft! 2:0 gegen Deutschland! Im Wembley-Stadion! Ein Debakel für treue Fans der deutschen Nationalmannschaft. Ein weinendes kleines Mädchen im deutschen Trikot klammerte sich verzweifelt an seinen Vater. Zur großen Freude vieler englischer Fußballfanatiker. Das Bild wurde millionenfach geteilt und mit Kommentaren versehen: „Den Gesichtsausdruck muss ich mir in meine Venen spritzen"[1] oder: „Weine, du kleiner Nazi."[2] Total authentisch, aber irgendwie nicht total nett.

Authentisch – damit Sie „richtig" Eindruck machen

Wer bin ich, wenn ich „ganz ich selbst" bin? Einfach mal die Sau rauslassen oder immer noch freundlich und fair? In Sachen Outfit hat uns das Homeoffice auf die Probe gestellt: Korrekt gekleidet, auch wenn keine Videokonferenz anstand? Oder fürs Video mit Hemd, aber sonst wie immer in der Pyjamahose? Manche trugen nicht einmal die. Jeff Toobin, früherer Staatsanwalt, angesehener Autor und Fernsehkommentator entblößte sich während einer Zoom-Runde.[3] Er dachte, die Kamera sei ausgeschaltet. Wer bin ich wirklich? Oder bin ich beides? Und wer von uns ist authentisch?

Wir sind nun einmal so, wie wir sind. Und – frei nach Wowereit – das ist auch gut so. Wenn wir mit uns allein sind, ist das ohnehin in Ordnung. Aber auch sonst ist Authentizität eine von vielen positiv bewertete Eigenschaft. „Ich fand dich total authentisch!" ist ein häufig geäußertes Feedback, gemeint als Lob. Die Sennen in der Appenzeller Käsewerbung werden gezielt als knorrig-authentisch vermarktet.[4] In Wirklichkeit werden die etwa 9000 jährlich hergestellten Tonnen der Schweizer Käsesorte natürlich nicht von alten schweigsamen Männern in Tracht produziert.

- *Wann bin ich authentisch?*
- *Wenn ich eine „schematische" Erwartung bediene?*
- *Wenn ich mich ganz ungezwungen verhalte?*

Der knorrige Typ (beiderlei Geschlechts), der kein Blatt vor den Mund nimmt. Der Entspannte, der gerne Fünfe gerade sein lässt. Einfaches und schablonenhaftes Verhalten, ohne sich groß um das Umfeld zu kümmern. Als wahrhaft authentisch wahrgenommenes Verhalten bedeutet, wenig Rücksicht auf die Belange unseres Umfelds zu nehmen. Und wenig flexibel zu sein, denn Authentische sind ja gerade an ihrem typischen immer gleichen Auftritt erkennbar. Oder können Sie sich eine Ina Müller vorstellen, die „Inas Nacht" statt nervtötend und krawallig einmal zurückhaltend und mit ausreichend Raum für ihre Gäste moderiert? Der Auftritt ist deswegen „authentisch", weil immer gleich und auf den ersten Blick erkennbar.

Woher diese Vorliebe für authentisches Handeln? Authentische Menschen machen es uns einfach – man weiß, was man hat, darauf ist Verlass. Dazu kommt der Halo-Effekt – hervorstechende Eigenschaften generalisieren wir. Von erfolgreichen Sportlern erwarten wir, dass sie immer erfolgreich sind – umso mehr wundern wir uns dann über Fußballer, die Millionen verdient, aber auch Millionen verballert haben. Nach einer Untersuchung der Vereinigung der Vertragsfußballspieler gemeinsam mit der Fachhochschule Koblenz stehen drei von vier Spielern nach dem Ende ihrer Karriere ohne berufliche Qualifikation da. Jeder vierte ist sogar dauerhaft arbeitslos und bezieht Hartz IV.[5]

- *„Authentisch" ist einfach – weil immer gleich.*
- *„Authentisch" ist leicht (wieder)erkennbar.*

Punkten Sie mit Charisma – das können Sie lernen

Marilyn Monroe hatte Charisma, und John F. Kennedy ebenso. Steve Jobs und auch Sharon Stone. Haben Sie Charisma? Allgemein schreiben wir denjenigen Menschen Charisma zu, die andere mit ihrem Auftreten begeistern oder sogar in ihren Bann ziehen (können). Sie können besonders gut Emotionen ausdrücken – in Körpersprache, Stimme und auch Inhalt. Damit wiederum lösen sie bei anderen Emotionen aus.

Ist das angeboren? Oder lässt sich Charisma lernen? Untersuchungen zeigen, dass Charisma vorwiegend durch Auftritt und Aussehen vermittelt wird.[6] Die Liste der Techniken ist recht kurz. Menschen mit Charisma gebrauchen Metaphern und Analogien, erzählen Geschichten und Anekdoten. Sie stellen rhetorische Fragen – und geben die passenden Antworten. Sie stellen ihre moralische Überzeugung heraus und spiegeln die Gefühle ihrer Zuhörer. Sie sprechen von großen Zielen und Drei-Punkte-Plänen, um diese zu erreichen. Dazu gibt es eine gehörige Portion Zuversicht, dass alles möglich ist. „Yes, we can!" und: „Wir schaffen das!" Untermalt werden diese rhetorischen Mittel durch drei wesentliche Bausteine im Verhalten: eine lebhafte Stimme mit Betonung und Modulation, lebhafte Mimik und Gesten, die den Inhalt markant unterstreichen. Ist das alles? Ja! Genau diese Elemente erklären den größten Anteil an der Wirkung im Auftritt von Menschen, denen wir Charisma zuschreiben. Wiederholungen der Kernbotschaft und eine Prise (passender) Humor verleihen dem Ganzen noch mehr Kraft.

- *Charisma ist nicht angeboren.*
- *Charisma kann man lernen.*
- *Charisma lässt sich gezielt gestalten.*

Charisma wird als die Fähigkeit definiert, klare und motivierende Botschaften zu vermitteln und so andere Menschen zu inspirieren. Schon Aristoteles sprach von Logos, Ethos und Pathos. Damit meinte er gute Rhetorik, die Glaubwürdigkeit als Person und die Fähigkeit, Emotionen zu wecken. Das funktioniert im Großen – Winston Churchill: „I have nothing to offer but blood, toil, tears and sweat"[7] und im Kleinen: "Ja, ich will!" Erfolgreiche Politiker verstehen es immer noch, die Massen mit ihrem Auftritt zu begeistern. Manager meiden oft genug sogar die interne Öffentlichkeit. Wenn schon nicht ganz, sind doch (zu) viele Auftritte eher sachlich-nüchtern denn inspirierend, manchmal sogar schlicht ungeschickt. Legendär ist immer noch der „Monkeydance" von Steve Ballmer. „Er springt auf die Bühne und auf der Bühne und brüllt dann außer Atem ins Mikrofon: „I have four words for you: I love this company!"[8]

Jetzt müssen Sie nicht gleich vor großem Publikum völlig ausflippen. Aber: Je dynamischer und je persönlicher die Botschaft, desto größer die Wirkung. Charismatische Redner sind leicht zu verstehen, ihre Botschaften sind leicht zu erinnern und die Zuhörer können sich leicht identifizieren. Die wichtigen Werkzeuge dafür sind Metaphern, Vergleiche und Analogien.

Geschichten, Storytelling und Anekdoten machen eine Botschaft ansprechend und gewinnend. Nicht umsonst leben Bibel, Koran oder Gilgamesch-Epos von Gleichnissen. Auch die klassische „Heldenreise" im Marketing vermittelt in Form einer kurzen Geschichte, warum Produkt und Unternehmer einfach toll sind.

„Die Geschichte begann vor zehn Jahren in einer strohgedeckten Bambushütte ohne Strom und ohne fließend Wasser. Mitten im Grün stand der Amerikaner Jerry Toth. Seinem Leben an der New Yorker Wall Street hatte er den Rücken gekehrt, um den Regenwald zu retten. Dass er dabei ausgerechnet die als ausgestorben geltende Kakaosorte wiederentdecken und gemeinsam mit dem Kakaobauern Packard und dem österreichischen Designer Carl Schweizer eine der teuersten Schokoladen herstellen würde, hätte er nicht gedacht."[9]

Gegensätze sind ein Schlüsselelement. Legendär ist John F. Kennedys „Frag nicht, was dein Land für dich tun kann – frag dich, was du für dein Land tun kannst"[10]. Aus einem Salesmeeting: „Wir agieren im Moment sehr defensiv, dabei wollten doch wir in die Offensive gehen!"

Rhetorische Fragen sind ein gutes Stilmittel, um die Aufmerksamkeit zu lenken und einen Aspekt besonders zu betonen: „Wer profitiert denn am meisten?" oder: „Warum sollten wir dieses Projekt durchführen?"

Ein anderes wichtiges Mittel charismatischer Menschen sind die notorischen, aber wirkungsvollen Listen mit den drei Items. Drei Dinge kann sich jeder leicht merken, sie passen in unser Aufmerksamkeitsfenster. Drei Schritte zum Ziel kann jeder leicht überblicken, das wirkt machbar. Drei Elemente wirken vollständig – die Heiligen Drei Könige oder das Kölner Dreigestirn im Karneval.

Integrität, Autorität und Leidenschaft sind andere wichtige Zutaten. Um zu wirken, sollten moralische Überzeugungen und Kernaussagen mit den Überzeugungen der Mehrheit übereinstimmen. Sie unterstützen die Glaubwürdigkeit und bieten sich zur Identifizierung an.

Die Politik achtet besonders auf die Stimmungen in der Bevölkerung. Überzeugen von Mehrheiten und überzeugen mit Mehrheiten ist das Kerngeschäft von Politikern. Von Frau Merkel berichtet uns die Presse, dass sie die Demoskopie – also die Erforschung der öffentlichen Meinung – in großem Umfang zur Gestaltung ihrer Politik nutzt. Der *Spiegel* beschreibt, wie EMNID im November 2009 für das Umweltministerium eine Umfrage zu den Vorstellungen der Bevölkerung in Sachen „Umweltpolitik" durchführte.[11] Die Erkenntnisse dieser Befragung fanden direkten Eingang in die folgende Rede der Kanzlerin im Bundestag. Dem Artikel zufolge gibt das Bundespresseamt im Auftrag der Kanzlerin jährlich etwa 150 Umfragen in Auftrag. Gegen die Mehrheit im Lande wird auf Dauer kein Politiker überleben.

- *Die Macht des Schwarms nutzen.*
- *Mit Leidenschaft für die Meinung der Mehrheit.*

Der letzte wichtige Schlüssel zu einem charismatischen Auftritt sind Körpersprache, Stimme und Mimik. Die konkrete Dosierung ist kulturabhängig, nach Land oder Unternehmen unterschiedlich – es muss auch nicht immer gleich der Ballmersche Monkeydance sein. Aber: Wenn der Körper die Botschaft unterstreicht, hat sie gleich die doppelte Wucht. Mehr dazu im Kapitel 2 „Einfach cool".

Natürlich sind jederzeit hochdramatische Auftritte mit vollem Einsatz aller Elemente ein wenig zu viel des Guten. Aber ausgewählte und darum jeweils passende Werkzeuge dürfen es schon in jeder geeigneten Situation sein. Weniger ist mehr, aber nichts ist nichts.

- *Die „richtige" Wirkung muss trainiert werden.*
- *Viel hilft viel – Übung macht den Meister.*
- *Besser geht es mit einem guten (!) Trainer.*

Wir nehmen Elemente in unserer Umwelt dann wahr, wenn sie sich unterscheiden. Objekte sind entweder Figur oder Hintergrund. So können wir uns leichter orientieren. Das gilt für Objekte ebenso wie für Menschen. Unterscheiden Sie sich. Heben Sie sich vom Umfeld ab. Das ist Charisma!

Habe ich jetzt Charisma – oder doch nicht?

Charisma entsteht durch die Wahrnehmung und Bewertung unseres Verhaltens durch Dritte. Darum ist Feedback wichtig. Erst das Wissen um die eigene Wirkung bietet die Chance zur Verbesserung. Das Johari-Fenster[12] ist nach seinen „Erfindern" Joseph Luft und Harry Ingham benannt. Es beschreibt die Unterschiede und Gemeinsamkeiten in Fremd- und Selbstwahrnehmung.

Das Johari-Fenster ist in vier Segmente unterteilt: öffentlich, geheim, blinder Fleck und unbewusst. „Öffentlich" beschreibt, was wir von uns preisgeben, was also alle anderen wissen (können). Das ist unser äußeres Erscheinungsbild oder die Angaben auf dem LinkedIn-Profil. „Geheim" ist das, was wir von uns wissen, Dritten aber nicht mitteilen. Vielleicht der Name der Partei, der wir bei der nächsten Wahl unsere Stimme geben. Der „blinde Fleck" beschreibt das, was andere wahrnehmen, wir selbst allerdings nicht. Das kann ein langer Faden auf dem Rücken unseres sonst makellosen Sakkos sein oder die tatsächliche Wirkung unseres Verhaltens auf Dritte. Feedback von anderen verschafft uns (begrenzten) Einblick. „Unbewusst" oder „unbekannt" ist all das, was weder wir noch andere wissen. Beispiele sind („unbewusste") Motive, die unser Kaufverhalten beeinflussen, oder die Veränderungen, die unsere Erinnerungen an ein bestimmtes Ereignis seitdem erfahren haben.

- *Feedback ist entscheidend für den gelungenen Auftritt.*
- *Nur so erfahren wir um unsere Wirkung auf andere.*

Gutes Feedback ist konkret, es bezieht sich auf beschreibbare Elemente unseres Verhaltens. Es ist konstruktiv, also mit Hinweisen für eine Veränderung. Gute Rückmeldung setzt präzise Beobachtung voraus. Feedback anzunehmen, zeigt Lernbereitschaft. Es bleibt die Aufgabe, die gewonnenen Erkenntnisse in gezieltem Training zur Verbesserung zu nutzen.

 Gutes Feedback:

- *Konstruktiv = negative + positive Elemente*
- *Beobachtungen beschreiben – konkrete Äußerungen, vielleicht Beispiele*
- *Hinweis auf mögliche Konsequenzen*
- *Vorschläge zu möglichen Änderungen – konkret und im Bereich des Möglichen*
- *Möglichst nahe zum Ereignis – zum geeigneten Zeitpunkt und im passenden Rahmen*

Self-Branding – „Ich", Marke Eigenbau

Apple, Daimler oder Haribo – bekannte Marken mit Strahlkraft über das einzelne Produkt hinaus. Eine Marke inspiriert Vertrauen, ohne dass sie die Qualität ihrer Produkte im Einzelnen beweisen muss. Marken verringern Unsicherheit, wir müssen nicht mehr alles auf Herz und Nieren prüfen. Wenn wir uns entscheiden, macht häufig die Marke den Unterschied.

Auch als Mensch eine Marke

Das trifft ebenso auf Menschen zu – es ist wieder der Halo-Effekt in Aktion: einzelne, besonders markante Merkmale nehmen wir für das große Ganze. Pauschale Urteile entheben uns der Mühe, einzelne Elemente jedes Mal neu zu bewerten. Menschen, die auf einem Gebiet Hervorragendes leisten, halten wir allgemein für großartig. Menschen mit guten Manieren halten wir meist für vertrauenswürdig und seriös. Darum ist der „richtige" Auftritt das wichtigste „Asset" jedes erfolgreichen Hochstaplers. Die Marke „Ich" hilft, sich besser darzustellen, durch positive Rückkopplung kann sie sogar Ihr Selbstbewusstsein stärken.

- *Marken machen Menschen sichtbar(er).*
- *Marken müssen gezielt gestaltet werden.*

Politiker nutzen gerne die Möglichkeit zur Selbstdarstellung: Helmut Kohl und François Mitterrand reichten sich 1984 auf dem deutschen Soldatenfriedhof in Verdun „spontan" die Hände, Willy Brandts Kniefall vor dem Ehrenmal für die Toten im ehemaligen Warschauer Getto war gründlich geprobt, ebenso Ronald Reagans Aufruf vor dem Brandenburger Tor: „Mr. Gorbachev, open this gate! Mr. Gorbachev, tear down this wall!"

Marketing-Profis nennen das „Self-Branding" – die gezielte Gestaltung der Wahrnehmung Ihrer Person. Das gab es schon immer. Auch Gaius Julius Cäsars *Commentarii rerum gestarum Galliae* dienten dem Ziel, sich als Person und sein Handeln in ein gutes Licht zu rücken. Biografien im Auftrag prominenter Personen erfüllen genau denselben Zweck. Ein eigenes Buch – auch wenn manche von Dritten (mit)geschrieben werden – ist für viele inzwischen zu einem unverzichtbaren Attribut geworden. Ob Annalena Baerbock, Sahra Wagenknecht oder Olaf Scholz – das Buch zum Wahlkampf soll zeigen, dass man sich (nicht immer eigene) Gedanken um das Land macht. Damit kann man vielleicht noch den einen oder anderen Wähler überzeugen. Wollen auch Sie Ihren fachlichen und menschlichen Qualitäten durch eine eigene Publikation mehr Wumms verleihen?

A U F M E R K S A M K E I T !!! – um jeden Preis?

„Für Trump zählt fast nur die Aufmerksamkeit in den Medien, egal ob sie positiv oder negativ ist."[13] So weit US-Bestsellerautor Michael Wolff über seine Gespräche mit dem abgewählten US-Präsidenten. Georg Franck beschrieb in seiner *Ökonomie der Aufmerksamkeit*[14], dass die Hauptwährung unserer Gesellschaft eben die Aufmerksamkeit für unsere Person und unser Tun ist. Marke sichert diese Aufmerksamkeit, heißt allerdings nicht automatisch Qualität. Boris Johnson ist bekannt für sein besonderes Verhältnis zur Wahrheit. Er hat stets gelogen, als Journalist und als Politiker.[15] Trotzdem konnte er Premierminister werden – ein Beispiel dafür, wie wenig Aufrichtigkeit und Integrität in der Politik zu zählen scheinen, ätzten viele Medien.

In der deutschen Politik sind solche ausschließlich auf Lügen aufgebauten Karrieren eher die Ausnahme. Dafür regieren die mangelnde Sorgfalt oder auch die Vergesslichkeit: Olaf Scholz kann sich an rein gar nichts erinnern, egal, ob es um Cum Ex oder Wirecard geht. Vermutlich hat er sogar vergessen, dass er früher einmal Erster Bürgermeister in Hamburg war. „Das war Mist!", kommentierte Annalena Baerbock[16] ihren arg aufgeblasenen Lebenslauf (und ihre vergessenen Angaben zum Einkommen und ...), auch Ursula von der Leyen[17] schönte seinerzeit tatkräftig ihre Phase als Gasthöre rin in Stanford (und eine Reihe anderer Details). Parteien schließen in solchen Fällen die Reihen, gerade wenn man ihren Mitgliedern Verfehlungen nachweist. Sogar wenn es sich um erschwindelte Doktortitel handelt, können Sie noch Botschafterin beim Vatikan werden, Verkehrsminister oder Spitzenkandidatin ihrer Partei für das Amt der Regierenden Bürgermeisterin in Berlin.

Sixt ist immer dankbar für solche Eigentore von Prominenten: Vor einer Mercedes-Limousine im Hintergrund zeigt die Werbung (im Juli 2021) Annalena Baerbock: „Sie verwenden ungern Eigenes? Mehr Spaß am Leihen" verspricht das Plakat.[18] Wer den Schaden hat … Im wahren Leben, besonders in der Wirtschaft, reagieren Menschen, speziell Personalchefs, meist empfindlicher auf derartige Täuschungen – bleiben Sie ehrlich, auch in Ihrem Lebenslauf! Zu dumm, dass man Hochstaplern, Schwindlern und Betrügern meist irgendwann doch auf die Schliche kommt.

- *Aufmerksamkeit hilft der Marke.*
- *Ehrlichkeit auf Dauer auch.*

Wenn Sie Aufmerksamkeit wollen und Erinnerung, stimulieren Sie auf mehreren Ebenen – A–E–I–O–U:

- **A** – uge: Auftritt und Wirkung, ebenso Bilder oder Beispiele

- **E** – motionen: Bedürfnisse – Nutzen, passende Wahl der Argumente

- **I** – ntellekt: der Inhalt darf durchdacht und herausfordernd sein

- **O** – hr: Stimme und Sprechen

- **U** – nterhaltung: Auftritt und Wirkung, Storytelling, alles, was Spaß macht

Personen stehen für eine Botschaft

Erfolgreiche (Top-)Führungskräfte sind sichtbar: Isabel Knauf verkörpert mit ihrem Schutzhelm auf der Baustelle die Knauf-Gruppe, bei Wolfgang Grupp und seinem Schimpansen denken wir sofort an Trigema, bei Herbert Diess an Volkswagen – vielleicht noch an die auf allen Kanälen inszenierte Tour mit der Tochter im ID.3 an den Gardasee. Simone Bagel-Trah steht als Aufsichtsratsvorsitzende viel mehr für Henkel als der amtierende Vorstandsvorsitzende. Das ist übrigens schon seit dem 1. Januar 2020 Carsten Knobel. Wenn wir ein Unternehmen, seine Produkte und Leistungen mit einer Person gleichsetzen, bekommen die Produkte „ein Gesicht".

Automatisch umworben werden nur vier Gruppen: Künstler oder Sportler, gut vernetzte (auch Ex-)Politiker wie Gerhard Schröder oder Robert Habeck, erfahrene Vorstände oder Geschäftsführer und Spezialisten für ganz besondere Nischen, aktuell zum Beispiel die Legion der Corona-Erklärer vom Virologen bis zum Epidemiologen. Wer zu keiner dieser Gruppen gehört, der muss sich aktiv verkaufen. Den eigenen Wert zu kommunizieren, wird damit zum normalen Geschäft für alle, die beruflich nach vorne wollen. Mit der Einstellung „Ich tue doch alles für die Firma" geraten Sie nur in die Leistungsfalle, aber nicht an die Spitze. Bei Beförderungen und für besondere Aufgaben wird nur selten ausschließlich nach Leistung ausgewählt. Zuerst muss man Sie wahrnehmen.

Das Besondere herausstellen

Ausschlaggebend für Ihre Marke sind eindeutige Positionierung und positive Wahrnehmung. Stellen Sie das Besondere an Ihnen und Ihren Leistungen heraus, dann werden Sie sichtbar(er) sein und als kompetent(er) eingeschätzt. Damit sind Sie dann auch erfolgreicher. Verlassen Sie sich nicht nur darauf, dass Sie ganz besondere Fähigkeiten haben und selbst um Ihren unwiderstehlichen Charme wissen. Kompetenz und Persönlichkeit wirken nur, wenn andere Sie wahrnehmen.

Eine Marke ist fassbar: Was wissen Sie? Was können Sie? Was tun Sie besonders gut, besser als andere? Stehen Sie für besondere, ausgewiesene Fachkompetenz? Oder haben Sie ein untrügliches Gespür für lukrative Aufträge? Eine Marke ist besonders: Was hebt Sie von anderen ab? Haben Sie die „Lizenz zum Führen" oder gute Kontakte? Beantworten Sie diese Fragen in eigener Sache konkret und kritisch.

- *Eine Marke ist fassbar.*
- *Was macht Sie besonders?*

Besondere Kompetenzen sind wichtig, Alleskönner meist weniger gefragt. Das ist ein wenig wie beim Fußball: Spielen als Sechser oder als Zehner im Mittelfeld? In der Pandemie war der Virus-Erklärer besonders gefragt in den Medien, Professor Christian Drosten könnte zusammen mit dem Virus allerdings bald aus dem Blickfeld der Öffentlichkeit verschwinden. Denken Sie also auch an die Zukunft – hat das Thema Potenzial?

Die Marke bekannt machen

Marken leben durch Bekanntheit: Halten Sie Vorträge, schreiben Sie Fachartikel? Mit Sichtbarkeit haben Sie bessere Chancen als jemand, der nur die inhaltliche Qualität anbietet. Selbstmarketing heißt, geschickt neue Themen zu erschließen. Das kostet Zeit! Veröffentlichungen müssen Sie akquirieren, den Inhalt zusammenstellen und dann den Text verfassen und Korrektur lesen – erst dann erscheint Ihr

Werk. Bücher dauern länger als Beiträge in Fachzeitschriften, und die Arbeit in Verbänden erfordert Ihren Einsatz über eine gewisse Zeit hinweg, bis Sie endlich auch öffentlich sichtbar werden.

- *Machen Sie sich als Marke bekannt.*
- *Öffentliche Auftritte und Publikationen sind ein Muss.*

Wie lässt sich das Besondere an Ihren Leistungen und Ihrer Person in wenige Worte kleiden? Formulieren Sie eine Kernbotschaft! Welche Begebenheiten, Geschichten oder Bilder illustrieren Ihre Marke? Nichts ist so überzeugend und nichts bleibt so gut im Gedächtnis wie eine gute Geschichte oder ein einprägsames Bild. Anekdoten, Erfolgsgeschichten, Verbindungen zu wichtigen Personen, das bleibt über den Tag hinaus im Gedächtnis. Sorgen Sie nach Möglichkeit für positive Bilder. Journalisten nutzen das gerne. Ein Artikel über die Lage alleinerziehender Eltern in Deutschland kann sehr langweilig sein, wenn er sich vorrangig mit den vielen verfügbaren Zahlen, Daten und Fakten beschäftigt. Medien machen das anders: Sie schildern das schwierige Leben einer alleinerziehenden Mutter am Beispiel einer rundum sympathischen attraktiven Person mit adretten Kindern. Das Beispiel einer – trotz aller Probleme immer noch lachenden – alleinerziehenden Mutter, das schafft Aufmerksamkeit, Interesse, Empathie. Und bleibt im Gedächtnis. Ein Bild sagt mehr als tausend Worte.

So aussehen, als ob ... Auftritt und Wirkung

„Schwarzer Rolli, Jeans und Turnschuhe: Bei seinen Auftritten trug Steve Jobs immer das Gleiche. Das war kein Zufall, sondern die Uniform eines genialen Ästheten. Sein so genannter Signature-Look bestand zu Lebzeiten aus genau drei modischen Statements: schwarzer (Miyake Issey) Rollkragen-Pullover, Levis-501-Jeans und New-Balance-Turnschuhen ... Er wollte eine Uniform, und zwar für sich."[19]

Denken Sie darüber nach, wie Ihr Erscheinungsbild am besten Ihre Marke stützt: Kleidung, Accessoires, Frisur, Stimme, Gestik, Verhalten – passt das alles zum angepeilten Image? Können Sie das glaubhaft darstellen? Gibt es eine Besonderheit, die Sie kennzeichnet und heraushebt? Besonders tolle Schuhe, ausgesucht schicke Hemden, bevorzugte Farben?

So klappt es mit dem Self-Branding

- *Seien Sie der (Top-)Verkäufer Ihrer Person – stellen Sie Ihre Fähigkeiten und Ergebnisse heraus. Wer sollte das sonst tun? Es sei denn, Sie leisten sich einen eigenen PR-Berater.*
- *Finden Sie ein Thema, mit dem man Sie assoziiert. Besetzen Sie das Thema im Zweifel gegen andere.*
- *Kommunizieren Sie auf den relevanten Kanälen – (Fach-)Artikel, Vorträge, Bücher, fundierte Auftritte in den sozialen Medien machen Sie bekannt. Und unterstreichen Ihre Kompetenz.*
- *Bohren Sie dicke Bretter: Ein Beitrag pro Jahr ist nichts. Seien Sie kontinuierlich präsent, bieten Sie sich auch offensiv an.*
- *Wenn Sie auftreten (bei Vorträgen und mehr): Übung macht den Meister, riskieren Sie nicht den bisher guten Eindruck, den Ihr Inhalt hinterlassen hat.*
- *Nehmen Sie ab und an einen Abgleich von Selbst- und Fremdbild vor: Kommt Ihr Handeln „an"?*

Literatur

1 https://www.merkur.de/welt/weinendes-deutsches-maedchen-spaltet-england-zr-90836747.html – abgerufen am 10.07.2021

2 https://www.heute.at/s/hass-gegen-weinendes-maedchen-so-reagieren-die-fans-100150618 – abgerufen am 10.07.2021

3 https://www.spiegel.de/kultur/masturbiert-bei-zoom-konferenz-jeffrey-toobin-vom-new-yorker-suspendiert-a-f701b17d-8f98-46b1-bf37-0d938a-be3469 – abgerufen am 10.07.2021

4 https://www.youtube.com/watch?v=ImtKqbzvQEI

5 https://www.t-online.de/sport/fussball/bundesliga/id_61933942/so-tief-fallen-jetzt-viele-profi-fussballer.html – abgerufen am 10.07.2021

6 https://www.researchgate.net/publication/228086176_Learning_charisma_Transform_yourself_into_the_person_others_want_to_follow – abgerufen am 10.07.2021

7 https://winstonchurchill.org/resources/speeches/1940-the-finest-hour/blood-toil-tears-and-sweat-2/ – abgerufen am 10.07.2021

8 https://www.youtube.com/watch?v=_WW2JWIv6G8 – angerufen am 10.07.2021

9 https://www.designreisen.de/magazin/toak-schokolade/ – abgerufen am 10.07.2021

10 https://www.jfklibrary.org/learn/education/teachers/curricular-resources/elementary-school-curricular-resources/ask-not-what-your-country-can-do-for-you – abgerufen am 10.07.2021. Im Original: "Ask not what your country can do for you – ask what you can do for your country."

11 Kullmann, K.: „Regieren nach Zahlen." *Spiegel* 37 (2014), S.20–25

12 Luft, J.; Ingham, H.: "The Johari window, a graphic model of interpersonal awareness". In: *Proceedings of the western training laboratory in group development.* Los Angeles 1955

13 Pitzke, M.: „Er ist wahnsinnig und lebt in einer ganz anderen Realität". *Spiegel* 28 (2021), S.80–82

14 Franck, G.: *Ökonomie der Aufmerksamkeit.* München 1998

15 Zum Beispiel *https://www.t-online.de/nachrichten/ausland/id_86135638/boris-johnsons-koenigreich-der-luegen-der-aufstieg-eines-schwindlers.html* – abgerufen am 28.06.2021

16 https://www.fr.de/politik/gruene-kanzlerkandidatin-annalena-baer-bock-entschuldigung-irrefuehrende-angaben-im-lebenslauf-news-bundestag-berlin-90794606.html   abgerufen am 28.06.2021

17 Neumann, R.: *Denkfehler*. München 2019

18 https://www.wuv.de/marketing/baerbock_kriegt_auch_von_sixt_ihr_fett_weg – abgerufen am 10.07.2021

19 https://www.welt.de/lifestyle/article13656831/Das-Geheimnis-um-Steve-Jobs-Rollkragenpulli.html – abgerufen am 10.07.2021

7

Einfach mit Zahlen, Daten, Fakten – Sachargumente „richtig" verpacken

Tatsachen muss man kennen, bevor man sie verdrehen kann.

Mark Twain, Schriftsteller

7

Einfach mit Zahlen, Daten, Fakten – Sachargumente „richtig" verpacken

- *Experten erklären uns die Welt.*
- *Fakten wirken 100 %ig überzeugend.*
- *Zahlen überreden mit Sachlichkeit.*

Im Jahr 2016 gab es in Deutschland 2242 Kliniken. Dort gab es am 30. Juli 33 367 Intensivbetten, Anfang Mai 2021 durch irgendeinen mysteriösen Prozess trotz Pandemie dann nur 30 340. Um die genaue Zahl streitet man noch. Mehr als 350 neue Infektionskrankheiten wurden weltweit seit 1940 dokumentiert. Im Jahr 2018 erhielten die deutschen Kirchen 538 Millionen Euro Staatsleistung zusätzlich zum Kirchensteueraufkommen in Höhe von 12,4 Milliarden Euro. In den Jahren 2010 bis 2018 war weltweit jedes zweite Opfer der circa 700 Hai-Angriffe ein Surfer. Der 7. Januar ist „Fat Cat Day" – dann haben Deutschlands Topmanager so viel verdient wie der durchschnittliche Arbeitnehmer im ganzen Jahr. Immerhin kam auch 2020 ein DAX-Vorstand auf das 48-fache Jahreseinkommen eines Arbeitnehmers in seinem Unternehmen. Zahlen – Zahlen – Zahlen ... aber, was sagen sie uns – eigentlich?

Der Zahlenzauber – damit wir den Durchblick behalten

„Bleiben wir sachlich!" Den Satz hat vermutlich jeder schon gehört – und auch selbst gesagt. Viele lieben Sachlichkeit und Rationalität. Zahlen, Daten und Fakten sind eine „vernünftige" Basis für richtiges Handeln. Wir glauben, dass wir vieles richtig machen, wenn wir uns an „harten Zahlen" orientieren, im Geschäftsleben sowieso und oft auch im Privaten.

Der ganze Ärger ging vermutlich mit den Griechen los und mit der Philosophie. Platon und Aristoteles sangen das Hohelied der Vernunft und der Erkenntnis. Die (gute) Vernunft unterschied den Menschen (höherstehend) vom Tier (tieferstehend, weil nicht vernunftbegabt). Unsere Vernunft hatte demnach die undankbare Aufgabe, die (schlechten) körperlichen Triebe zu regulieren. Der Mensch durfte sich in seinem Denken und Handeln nicht von Emotionen beherrschen lassen. Durch die Jahrhunderte von Descartes über Kant bis heute gibt es diese Gegenüberstellung. Freud brachte zwar das Unbewusste wieder ins Bewusstsein der Öffentlichkeit, aber auch hier wird der dunkle Teil des Selbst als gefährlich und krank machend angesehen. Affekte werden als „Krankheit der Seele" bezeichnet. Körper und Geist werden als Widersacher eingestuft, Emotionen als weniger wertvoll angesehen und abgewertet. Ziel ist, diese widerlichen Emotionen zu beherrschen. Das gilt in besonderem Maße für unsere westlich-europäisch-amerikanisch geprägte Kultur.

Darum lieben wir auch Zahlen, Daten und Fakten. Wir glauben fest daran, dass wir alles Mögliche messen können – von der Intelligenz über die Anstrengungsvermeidung bis zum perfekten Partner. Erst einmal gemessen, verfügen wir über präzise Zahlenangaben – Intelligenzquotienten, prozentuale Übereinstimmung und mehr. Zahlen unterstützen unser Bedürfnis nach Genauigkeit und Objektivität. Sie geben uns ein Gefühl von Sicherheit und Kontrolle.

- *Zahlen vermitteln Objektivität und Genauigkeit.*
- *Sie überzeugen durch sicher vorgetragene Zahlen, Daten und Fakten.*

Zahlenland – oft unbekannt

Lassen Sie uns ein wenig rechnen: Sie sind bei einem befreundeten Paar eingeladen. Beide trinken gerne Wein, und Sie wollen ihnen eine Freude machen. Darum greifen Sie etwas tiefer in die Tasche und kaufen eine Kiste Wein mit drei Flaschen für zusammen 110 Euro. Der Inhalt kostet 100 Euro mehr als die Kiste. Wie viel kostet die Kiste? Da ist sie wieder, eine dieser ungeliebten Textaufgaben aus der Schule! Was ist Ihre spontane Antwort? Die meisten antworten zunächst zehn Euro. Erst mit Nachdenken kommt man auf die richtige Antwort: Fünf Euro[1], natürlich. Eigentlich ganz einfach. Doch fast alle machen diesen Fehler? Warum?

Unser Gehirn ist ziemlich faul. Oder, besser gesagt, es spart Energie, wann immer das möglich ist. Es hat hauptsächlich die Aufgabe, uns am Leben zu halten. Dazu muss das Gehirn vor allem die wichtigsten Prozesse im Körper regulieren (= Allostase). Bei einem so komplexen Organismus wie unserem ist eine Menge zu regeln: Herz-Kreislauf-System, Atmung, Verdauung und vieles mehr. Dass wir nebenbei noch denken, ist Beiwerk. Biologisch gesehen.[2] Das bewusste Denken, unser Vorstellungsvermögen und mehr sind eine Dreingabe, die sich im Lauf der Evolution eher zufällig entwickelt hat.[3]

Der Allostase wird alles untergeordnet. Darum reduziert das Gehirn systematisch den Aufwand für bewusstes Denken. Das verbraucht die meiste Energie. Geschätzte 80 Prozent aller Alltagssituationen bewältigen wir mit (gelernten) Automatismen, mit Bauchgefühl oder allgemeinen Heuristiken. Sie kennen das von der gewohnten Fahrt mit dem Auto zur Arbeit: Sie müssen nicht darüber nachdenken, wie man nach dem Halt an der roten Ampel wieder anfährt, das ist zur Gewohnheit geworden. Da die meisten von uns täglich denselben Weg zur Arbeit fahren, müssen wir auch nicht über die Route nachdenken. Routine eben. Das bewusste Denken schalten wir nur dann ein, wenn es wichtig ist. Neue Aufgaben, Gefahrensituationen, besondere Belohnungen.

In einer solchen „Routinestimmung" haben Sie eben die Aufgabe gelesen und sich auch die Antwort überlegt. Ungefähr zehn Euro ist ja ziemlich richtig, und bei insgesamt 110 Euro ist es nicht wirklich wichtig, ob die Kiste nun genau fünf oder zehn Euro kostet. Darum die spontane Antwort, ohne groß nachzudenken. Den Rechenmodus schalten wir nur dann ein, wenn es wirklich wichtig ist. In Prüfungen oder wenn jemand Wichtiges uns fragt und wir einen guten Eindruck machen wollen. Menschen sind meist nicht im „Zahlenmodus". Wenn Sie also mit Zahlen „punkten" wollen, machen Sie es für Ihre Zuhörer möglichst leicht:

- *Wir sind häufig nicht im Zahlenmodus – wir nehmen es dann auch weniger genau.*
- *Komplizierte Rechnungen mag niemand – niemand will 385 mal 174 im Kopf rechnen.*

„In Deutschland können 6,2 Millionen Erwachsene nicht richtig Deutsch lesen und schreiben. Für 52,6 Prozent ist Deutsch die Muttersprache. 47,4 Prozent der Betroffenen haben einen Migrationshintergrund. 62,3 Prozent der Betroffenen sind trotzdem berufstätig. Mehr als jeder Fünfte hat keinen Schulabschluss, weitere zwei Fünftel haben nur einen geringen. Für die Studie wurden rund 7200 Deutsch sprechende Erwachsene im Alter von 18 bis 64 Jahren befragt." Ihnen geht es vermutlich wie mir – zu viele Zahlen führen nur zu Unaufmerksamkeit und schnellerem „Darüber-hinweg-Lesen". Wie viele Menschen sind diese 62,3 oder die 47,4 Prozent? Zusammen sind das doch auch gar nicht 100 Prozent.[4] Die Angaben sind sicher exakt, aber so kompliziert – muss das wirklich sein? Reicht es nicht, wenn wir wissen, dass sechs von zehn berufstätig sind? Der Rest ist doch ohnehin nur für Statistiker interessant.

- *Drei bis fünf Zahlen kann man sich leicht merken – weniger ist mehr.*
- *„Einfache" Zahlen sind besser als Prozente, Dezimalzahlen oder Brüche.*
- *„Runde" Zahlen sind (meist) besser – „etwa 12 000" merkt man sich leichter als „11 974".*

Sind 640 Hektar eigentlich viel Fläche? Das kommt drauf an. Die laut Wikipedia größte Rinderfarm ist die Anna Creek Station in Australien mit 2 367 700 Hektar. Da machen 640 Hektar mehr oder weniger keinen großen Unterschied. Die durchschnittliche Größe eines landwirtschaftlichen Betriebs in Deutschland beträgt allerdings 63 Hektar. Die größten Flächen werden in Mecklenburg-Vorpommern bewirtschaftet, die sind im Durchschnitt 1344 Hektar groß. Da machen 640 Hektar schon einen Unterschied.

Im Sommer 2018 wurden in Brandenburg etwa 640 Hektar Wald durch Brände zerstört. Schlimm genug, aber wie groß ist das? 640 mal 10 000 Quadratmeter, das sind 6 400 000 Quadratmeter. Das kann sich kaum jemand wirklich vorstellen, außer eben Landwirte oder Immobilienwirte. Medien übersetzen darum solche Zahlen gerne, bevorzugt in Fußballfelder. 640 Hektar entsprechen laut *FAS*[5] etwa 900 Fußballfeldern. Aber: Die Größe eines Fußballfeldes ist gar nicht so klar geregelt. In Deutschland kann die Seitenlinie mindestens 90 Meter und höchstens 120 Meter lang sein, die Spielfeldbreite beträgt mindestens 45 Meter und maximal 90 Meter. Wichtig: Die Seitenlinien müssen länger sein als die Torlinien. 120 Meter mal 90 Meter wären 10 800 Quadratmeter, wohingegen 90 Meter mal 45 Meter nur 4050 Quadratmeter sind.[6] Das ist ein Unterschied!

- *Kaum jemand kann sich besonders große oder besonders kleine Mengen vorstellen.*
- *„Übersetzen" Sie die für andere unvertrauten Maße und Mengen.*
- *Nutzen Sie vertraute und wirklich vorstellbare Vergleiche.*

Ein Beispiel: Wie viel ist eine Milliarde? Für Elon Musk eher wenig, für einfache Millionäre[7] schon ziemlich viel.[8] Doch wie viel genau? Das menschliche Herz schlägt etwa 70-mal pro Minute. Wenn ein Mensch 28 Jahre alt wird, hat sein Herz also etwa eine Milliarde Mal geschlagen. So kann es klappen, auch mit dem Nachbarn.

- *Zahlen und Größen sind für viele nicht vorstellbar.*
- *Wir können Zahlen oft schlecht einordnen.*
- *Ohne „Übersetzung" bewirken Zahlen wenig.*

Zufällig oder weil? Korrelation oder Kausalität?

Magensäureblocker führen zu Allergien!? Österreichische Forscher haben eine Beobachtungsstudie publiziert. Das heißt allerdings zunächst nur, dass sich Allergien bei Patienten entwickelt haben, die einen Magensäureblocker nehmen. Das ist bedauerlich für die Betroffenen, sagt jedoch zunächst nichts. Oder – wie es der Gastroenterologe Stefan Christl formuliert: „Da könnte man auch den Schluss ziehen, dass der morgendliche Verzehr eines Mettbrötchens dazu führt, dass Ziegel vom Dach fallen." Nur, weil das einmal nacheinander so passiert ist.[9]

Wenn zwei Ereignisse gleichzeitig stattfinden, vermuten wir meist einen Zusammenhang. Darauf sind Menschen biologisch vorbereitet. Wir neigen dazu, ursächliche Verbindungen auch dann herzustellen, wenn Ereignisse nur gleichzeitig passieren, in Wirklichkeit aber nicht kausal verknüpft sind. Harmlose Beispiele sind der „Glücksstift", der unbedingt bei Prüfungen zu benutzen ist, oder die im Westen weitverbreitete Angst vor Freitag dem 13. Viele Rituale wie das Klopfen auf Holz haben ihren Ursprung in dem (Aber-)Glauben an unheilvolle Zusammenhänge. Klappt es dann doch nicht, ist nicht der Stift schuld, wir haben vielleicht nur vergessen, ihn schon während der Verteilung der Prüfungsaufgaben auf den Tisch zu legen. Das Vertrauen in die magische Wirkung des Stifts bleibt davon unberührt. Und wenn es beim nächsten Mal klappt – genau, deswegen!

Wenn wir erst einmal einen Zusammenhang zwischen objektiv nicht verbundenen Phänomenen konstruiert haben, gewichten wir bestätigende Beobachtungen stärker. Beispielsweise werden viele Verhaltensweisen als „Typisch Frau!"

oder „Typisch Mann!" eingeordnet, weil es naheliegt, das (bei den meisten Menschen) leicht erkennbare Geschlecht als Ursache für Unterschiede im Verhalten anzunehmen. Das tun wir auch dann, wenn der eigentliche Anlass vielleicht ein anderer, weniger augenfälliger ist. Und einmal als Ursache identifiziert, brauche ich auch nicht weiter nach anderen Erklärungen zu suchen.

Tyler Vigen unterhält die Website tylervigen.com, „Spurious correlations", auf denen er absurde Zufälle mit einem hohen Korrelationsfaktor sammelt. Eine von ihm entwickelte Software durchsucht große Datenmengen nach solch scheinbaren Zusammenhängen. Beispielsweise korreliert der Pro-Kopf-Verbrauch an Käse in den USA stark mit der Zahl der Menschen, die dadurch zu Tode kamen, dass sie sich in ihren Bettlaken verhedderten ($r = 0{,}947091$). Die Scheidungsrate im US-Bundesstaat Maine korreliert stark mit dem Pro-Kopf-Verbrauch an Margarine in den USA ($r = 0{,}992258$). Anders ausgedrückt: Geringerer Käseverzehr würde Menschenleben retten und weniger Margarine könnte zumindest Scheidungen in Maine verhindern! Oder doch nicht?

Wenn zwei Merkmale oder Ereignisse gleichzeitig auftreten, kann man nach einem Zusammenhang suchen. In der Statistik nennt man das „Korrelation", ausgedrückt durch den Korrelationskoeffizienten (r). Bei einem vollständig positiven Zusammenhang (je mehr x, desto mehr y) hat der Koeffizient den Wert $+1$, bei einem vollständig negativen Zusammenhang (je mehr x, desto weniger y) den Wert -1. Der Wert 0 drückt aus, dass kein (linearer) Zusammenhang errechnet werden kann. Ereignisse können allerdings bei einem Wert von 0 nichtlinear verbunden sein.

Die geschilderten Beispiele beschreiben nun keineswegs einen ursächlichen Zusammenhang. Genauso wenig, wie eine steigende Zahl von Störchen für den Anstieg der Geburtenzahl verantwortlich gemacht werden kann. Neben dem Hinweis auf den Fehler der Verbindung unverbundener Ereignisse ist die Arbeit von Tyler Vigen auch eine Warnung vor zu wenig reflektierten Analysen großer Datenmengen.

Menschen interpretieren zeitlich oder örtlich gemeinsam auftretende Ereignisse häufig als Muster. An solche Muster glauben wir dann eher als an den Zufall. „Seit wir einen neuen Vertriebsleiter haben, steigt der Umsatz an Bier kräftig an!" Vielleicht liegt es nicht am neuen Chef und seinem besonderen Geschick. Liegt es womöglich daran, dass das Werbebudget kräftig erhöht wurde oder dass gerade jetzt Europa- oder Weltmeisterschaften sind? Ursache und Wirkung sind gemeinhin schwer zu bestimmen. Auch die Wechselwirkungen beispielsweise zwischen dem Verhalten des Vertriebsleiters, dem Verhalten der Mitarbeiter im Vertrieb und dem Kaufverhalten der Kunden sind zu berücksichtigen. Alle Faktoren üben Einfluss aus. Darum ist es nicht zulässig, Erfolge (oder auch Misserfolge) ausschließlich einer Person und ihrer Wirkung zuzuschreiben.

- *Wir suchen nach Mustern und Regeln – auch bei zufälligen Ereignissen.*
- *Wir bevorzugen einfache und schnelle Erklärungen.*
- *Korrelation und Kausalität verwechseln wir leicht.*

Menschen weisen Ereignissen bevorzugt ein Phänomen als Ursache zu – das macht es leichter begreifbar, wir können Helden benennen oder Schuldige. Tatsächlich haben jedoch die meisten Ereignisse mehr als die eine von uns ausgewählte Ursache.

Bei unserer – im Alltag oft unbewussten – Suche nach Mustern führen wir meist unverbundene Merkmale zusammen. Ist eine Wolke mit großer Ähnlichkeit zum Umriss von Großbritannien Gottes Fingerzeig, dass man „sein Volk" in Sachen Brexit unbehelligt ziehen lassen soll? Oder einfach unsere Interpretation einer zufälligen Konfiguration, nur in diesem Moment von einem bestimmten Ort aus wahrnehmbar? Daniel Biber gewann 2017 den Fotowettbewerb der Schweizerischen Vogelwarte Sempach mit der Fotografie eines Starenschwarms, der für kurze Zeit die Form eines riesigen Vogels angenommen hatte.[10] Sicher kein göttliches Zeichen – und auch keine Verschwörung der Illuminaten. Oder doch?

Jan-Willem van Prooijen[11] von der Vrije Universiteit Amsterdam publizierte die Ergebnisse einer Untersuchung zur Erkennung und Interpretation zufälliger Muster. Die menschliche Tendenz zu Verschwörungstheorien und zum Glauben an Übernatürliches führen die Wissenschaftler auf genau solche fehlerhaften Interpretationen bei der Wahrnehmung von Mustern zurück. Sie konnten zeigen, dass Menschen nicht oder kaum imstande sind, Zufälle als solche zu erkennen. Zufällig erzeugte Muster wurden als regelhaft erkannt und beschrieben. Diese Regeln waren oft zwar frei erfunden, wurden dann allerdings heftig verteidigt. Diese Tendenz bezeichnet man als Apophenie, das ist das Erkennen von Mustern in zufällig zusammengestellten Daten oder Elementen.

- ▪ *Wir haben die Tendenz, in unserem Umfeld nach Mustern zu suchen.*
- ▪ *Auch zufällige Zusammenhänge halten wir dann für kausal.*
- ▪ *Einmal „erkannt", verteidigen wir diese – nur scheinbaren – Zusammenhänge.*

Zahlen als Begründung – nicht immer gut

Wissenschaft und Wirtschaft, Technik und Medien begründen Entscheidungen oder Empfehlungen immer wieder mit Zahlen. Beispielsweise Fondsmanager untermauern so ihre Entscheidung, warum sie Aktien eines Unternehmens kaufen. Sie werden meist hoch bezahlt und liegen doch häufig daneben. Eugene Fama erhielt 2013 (gemeinsam mit Robert Shiller) den Nobelpreis für Wirtschaft für seine „Effizienzmarkthypothese". Er erbringt den Nachweis, dass Fondsmanager den Markt nicht schlagen können. Eine Untersuchung von Fama und Kenneth R. French an den Ergebnissen von 3000 Investmentfonds belegt, dass die Ergebnisse statistisch normal verteilt sind – einige sind sehr gut, einige sehr schlecht und die meisten gruppieren sich eben rund um das Mittel.[12] Eugene Fama: „Es handelt sich schlicht um Glück oder Pech. Man hätte auch einfach für jeden der 3000 Fonds eine Münze werfen können, anstatt eine bestimmte Anlagestrategie zu verfolgen. Das wäre aufs Gleiche hinausgekommen."[13]

90 Prozent aller Kunden in einer Untersuchung sind vielleicht deshalb mit dem Service zufrieden, weil nur wenige und womöglich ausgewählte Personen befragt wurden. Fehlerquoten von einem Prozent bedeuten auf den ersten Blick, dass ein Prozess ziemlich sicher ist. Bei einer hohen Zahl von Vorgängen oder Produkten sind das trotzdem eine erhebliche Anzahl Fehler.

Mit den richtig ausgewählten Zahlen, Daten und Fakten lassen sich viele Aussagen begründen. Hans Gösta Rosling[14] erklärt uns, dass die Menschheit auf eine beispiellose Erfolgsgeschichte zurückblickt. Entwicklungshilfe, Welthandel und grüne Technologie sichern uns allen Wohlstand und langes Leben. Diese Aussage untermauert er mit Zahlen: Seit 1964 ist die durchschnittliche Lebenserwartung von 55 auf 71 Jahre gestiegen, die Kindersterblichkeit beispielsweise in Nepal ist seit den 1950er-Jahren von 25 auf fünf Prozent gesunken. Die Zahlen sind überzeugend.

Dieselben Zahlen nutzt allerdings auch Stephen Emmott[15], Leiter des Microsoft-Labors für rechnergestützte Naturwissenschaften in Cambridge. Er interpretiert die Zahlen allerdings anders. Laut Emmott geht es statt aufwärts abwärts: Überbevölkerung und ihre Folgen – die UNO erwartet für das Jahr 2100 zehn Milliarden Menschen Weltbevölkerung. Es ist drei vor zwölf.

Wir glauben gerne an – die richtigen – Zahlen, Daten und Fakten. Wir sind von der Anlage unserer Denkprozesse her schlecht dafür ausgestattet, Zahlen richtig wahrzunehmen und zu bewerten. Zahlen, Daten und Fakten lassen uns glauben, dass wir den Sachverhalt verstanden haben und dass wir ihn darum kontrollieren können. Doch solche – scheinbar objektiven – Ergebnisse sind immer davon abhängig, was wann wie gemessen wird. Auch ein Meter, selbst mit einem modernen Lasergerät gemessen, ist eine kulturell verankerte Vereinbarung über die Bestimmung von Längen. Eine Bilanz („nach HGB oder nach US-GAAP oder IFRS-Richtlinien"), ein Fragebogen („jeder dritte Deutsche"), eine Diagnose („Sie fallen in die Kategorie X") oder andere vergleichbare Verfahren sind schon durch die Wahl der Methode subjektiv geprägt. Und doch glauben wir den Zahlen, wenn sie erst einmal ermittelt und vermittelt wurden.

Zahlen, Daten und Fakten – prüfen Sie:

- *Was wurde „gemessen"? (Ist das „Objekt" klar definiert? Kann man das messen? Mit diesem Instrument?)*
- *Messe ich das „Richtige"?*
- *Wie wurde „gemessen"? (Instrument? Methode? Umfeld? Verlässlich/wiederholbar? Dunkelfeld? Grundgesamtheit – Stichprobe? Wer misst? …)*
- *Auswertung? (Skalenniveau – Methode? Kausalität – Korrelation – Multidimensionalität? Daten verfügbar? …)*
- *Darstellung? (Skala? Spreizung? Bezugsgrößen? geeignete Bilder/Symbole? – Farben …)*

Richtig messen – ist wie dicke Bretter zuschneiden

Wenn Sie ein neues Regalbrett brauchen, nehmen Sie ein bereits vorhandenes und messen es ab. Wie lang, wie breit, wie hoch? Sie nehmen dazu ein Maßband oder Sie nutzen eine App auf Ihrem Smartphone. Mit dem Ergebnis können Sie dann zum Baumarkt gehen und sich ein Stück Holz passend zuschneiden lassen. Das passt dann genau in Ihr Regal.

Schwieriger wird das Ganze, wenn es um komplexere Themen geht – wie gut zum Beispiel die Englischkenntnisse von Sophie-Marie sind oder wie intelligent Franz-Jonathan ist. Hier geht es darum, etwas zu messen, das nicht auf den ersten Blick erkennbar ist. Psychologen (und andere) machen dazu häufig Tests. Bei der Teilnahme an einem Test gibt der

Teilnehmer eine Probe seines Könnens oder seines Verhaltens. Aus der Auswertung dieser Probe wird geschlossen, wie gut Sophie-Marie Englisch sprechen und schreiben kann oder wie intelligent Franz-Jonathan ist. Das klingt ein wenig kompliziert – und das ist es auch.

Ein Test ist zunächst einfach – für den Teilnehmer. Hinsetzen und Fragen beantworten. Aber: Kann man anhand der Antwort tatsächlich erkennen, wie kundig oder klug jemand ist? Die Konzeption und Auswertung guter Testverfahren sind kompliziert. Wenn Sie die Intelligenz messen wollen, bietet allein der Hogrefe Verlag aktuell 49 verschiedene Tests an.[16] Alternativ können Sie Ihren IQ inzwischen sogar kostenlos im Internet testen.[17] Als Ergebnis erhalten Teilnehmer einen Wert für ihren IQ – mit 130 und mehr gelten Sie als hochbegabt, zwischen 115 und 85 erzielen Sie ein Ergebnis, das den Werten von zwei Dritteln der Bevölkerung entspricht.

Doch „Intelligenzd ist gar nicht so einfach zu bestimmen und auch nicht einfach zu messen. Auf der Basis einer Theorie vermuten wir, dass die Antworten auf bestimmte Fragen das ausdrücken, was wir unter „Intelligenz" verstehen (wollen). Das ist die erste Herausforderung an einen Test. Wissenschaftlich heißt das „Validität": Misst dieser Test tatsächlich „Intelligenz"? Wenn wir nur wissen, dass wir etwas messen, aber nicht was, ist das Ergebnis kaum zu verwerten. Das ist dem vergleichbar, dass Sie Ihr Brett zu Hause wiegen und dann hoffen, dass ein gleich schweres Brett aus dem Baumarkt genau in Ihr Regal passt.

- *Validität = messen Sie das Richtige?*

Das passende Brett erhalten Sie dann, wenn Sie nicht nur Länge, Breite und Höhe (statt zum Beispiel Gewicht) bestimmt haben. Sie sollten auch richtig gemessen haben. Unabhängig von der Uhrzeit oder der Anzahl der Wiederholungen wäre es gut, wenn Sie immer dasselbe Ergebnis erzielen. Aussagen über die Qualität eines Testverfahrens machen Sie dementsprechend auch anhand des Merkmals Verlässlichkeit. Statistiker nennen das „Reliabilität": Wie verlässlich misst ein Test? Theoretisch sollte ein (diagnostisches) Verfahren bei wiederholter Anwendung identische Resultate erzielten. Ergebnis ist ein Reliabilitätskoeffizient (r), je dichter bei +1, desto besser der Test.

- *Reliabilität – messen Sie genau?*
- *Objektivität – erzielen verschiedene Personen (nahezu) identische Ergebnisse?*

Nur wenn wir wissen, was wir messen, und nur, wenn wir gut messen, können wir das Ergebnis zur Grundlage wichtiger Aussagen machen. Darum prüfen Sie immer kritisch, was wie von wem womit gemessen wurde. Beziehungsweise – wenn Sie mit Zahlen, Daten und Fakten überzeugen wollen, sollten Sie Bescheid wissen: Was, wer und wie?

70 Prozent Sicherheit bedeutet nicht, dass 30 Prozent krank werden

Der New Smyrna Beach liegt in Florida, hübsche Strände locken Touristen in Scharen an. Hauptattraktion ist ein etwa 27 Kilometer langer weißer Sandstrand. Auch Surfer kommen gerne, finden sie hier doch einige der besten Wellen an der amerikanischen Ostküste. New Smyrna Beach gilt allerdings auch als Welthauptstadt der Haiangriffe. Was genau bedeutet das? Wie wahrscheinlich ist es, beim Baden im

Meer durch einen Haiangriff ums Leben zu kommen? Die Antwort: Weltweit sterben pro Jahr nur zehn Menschen durch Haiangriffe.[18] Trotzdem: Würden Sie in New Smyrna Beach zum Baden ins Wasser gehen?

Eine andere Frage: Essen Sie Fisch? Sie könnten sich immerhin an einer Fischgräte verschlucken. Menschen sterben daran. Trotzdem ist das nicht wirklich gefährlich, denken Sie? Schließlich essen Sie seit Jahren Fisch und Ihnen ist noch nie etwas zugestoßen – auch niemandem, den Sie kennen. Nun, pro Jahr sterben allein in Deutschland etwa 800 Personen an den Folgen einer verschluckten Fischgräte. Merke: Schwimmen mit Haien ist bei Weitem sicherer als der Verzehr von Fisch.

Alles wird schwieriger, wenn es um Wahrscheinlichkeit geht. Wir verschätzen uns systematisch, wenn wir die Häufigkeit von Ereignissen einschätzen. Wir orientieren uns dabei bevorzugt an der wahrgenommenen Häufigkeit, weniger daran, wie oft bestimmte Ereignisse tatsächlich passieren. So wird beispielsweise die Häufigkeit von Verbrechen meist falsch eingeschätzt. Nicht wenige Menschen befürchten, einem Mord zum Opfer zu fallen. „Schuld" daran ist unter anderem die Häufigkeit der Berichte in den Medien, Morde geschehen auch in fast jedem Fernsehkrimi. Die meisten Deutschen glauben, dass sie an Krebs sterben werden. Tatsächlich sterben doppelt so viele Deutsche an Erkrankungen des Herz-Kreislauf-Systems.

- *Wir können Wahrscheinlichkeiten nur schlecht einschätzen.*
- *Wir orientieren uns an falschen Parametern.*
- *Persönliche Erfahrungen oder unsere Befürchtungen verzerren unsere Wahrnehmung.*

Menschen verdrängen die Möglichkeit eines Risikos, wenn die Wahrscheinlichkeit gering ist. Wir verdrängen Risiken allerdings auch dann, wenn wir uns wünschen, dass Ereignisse nicht stattfinden. Natürlich ist Autofahren gefährlich, aber ich kann doch gut fahren. Dann ist mein Weg zur Arbeit oder zur Tante auch sicher. Immerhin glauben 80 Prozent der Autofahrer fest daran, dass sie besser fahren können als der Durchschnitt aller Verkehrsteilnehmer.

Wenn wir uns hingegen wünschen, dass ein Ereignis eintritt, halten wir die Wahrscheinlichkeit für deutlich höher, als sie in Wirklichkeit ist. Darum kaufen wir Lotterielose, auch wenn die Chance eines Gewinns erbärmlich gering ist. Auch freiwillig übernommene Risiken werden in ihrem Gefährdungspotenzial in der Regel um den Faktor 100 unterschätzt. Natürliche Risiken akzeptieren wir und unterschätzen ihre Gefahren systematisch. So machen sich beispielsweise viele Menschen Gedanken um Schadstoffe in der Nahrung. Allerdings wird dabei gerne vergessen, dass 99,9 Prozent dieser Schadstoffe natürlichen Ursprungs sind. Sie sind einfach in den Pflanzen und Tieren enthalten, die wir verzehren.

- *Wir erwarten in der Regel einen positiven Ausgang.*
- *Wir verschätzen uns systematisch in der Größe des Risikos.*

Eins zu sechs oder doch eine Serie?

Statistik ist die Lehre davon, wie man empirische Daten mithilfe bestimmter Methoden analysieren kann. Richtig verwendet ist Statistik ein gutes Werkzeug, um Teile der Wirklichkeit zu beschreiben. Statistik kann so eine Grundlage für

gute Entscheidungen sein. Beispielsweise lässt sich heraus-
finden, ob ein Ergebnis eher dem Zufall zu verdanken ist oder
ob es vermutlich doch einen Zusammenhang von Ursache
und Wirkung gibt. Aus Prüfergebnissen zufällig aus einer
Bauserie ausgewählter Produkte kann ich die Qualität aller
Bauteile ableiten, ohne jedes einzelne Produkt zu prüfen.

Stellen Sie sich vor, Sie würfeln. Sie würfeln nacheinander
die Zahlen 6 1 5 4 5 3 1 4 2 3 2 1 2 2 4 2 1 3 5 3. Der Würfel
ist vollkommen in Ordnung. Wären Sie bereit, zehn Euro darauf zu setzen, dass beim nächsten Mal eine Sechs gewürfelt
wird? Die Wahrscheinlichkeit für eine Sechs beträgt genau
eins zu sechs. Vor jedem Wurf. Statistisch betrachtet kommt
jede Zahl gleich häufig vor. Trotzdem glauben wir bei solchen Zahlenreihen gerne daran, dass als Nächstes unbedingt
eine Sechs folgen muss. Bei „nur" 50 oder 100 Würfen können darum zufällig „kleine Serien" entstehen. Der Denkfehler ist als Gambler's Fallacy oder auch als Hot-Hand-Fehler
bekannt. Wir nehmen an, dass – eigentlich – rein zufällige
Ereignisse, dann (zum Beispiel beim Würfeln oder beim Rou-
lette) eintreten müssen, wenn sie zuvor längere Zeit nicht
aufgetreten sind. Diese Form der Wahrscheinlichkeit können
wir nur schlecht einschätzen. Bei einer Reihe von Sechsen
glauben wir fest an unser besonderes Glück oder sogar an
unser Geschick im Umgang mit den Würfeln. Streng mathe-
matisch betrachtet handelt es sich bei einer solchen Serie
nur um einen Zufall.

Der Optimismusfehler macht es uns ebenfalls schwer, Wahrscheinlichkeiten, Korrelationen und Risiken korrekt einzuschätzen. Ein besonders wirksames Mittel, wenn wir uns
selber täuschen wollen. Er wirkt auf vielen Ebenen. Positive
Erwartungen an die Zukunft sind befriedigend, wir freuen
uns auf die schönen Dinge, die dann möglich werden. Risiken werden nicht gesehen. Wir gehen davon aus, dass wir

die Situation „im Griff haben". Dementsprechend suchen und finden wir bei Planungen leichter positive und bestätigende Informationen als kritische oder hinderliche. Menschen schätzen das Risiko eines Scheiterns in den meisten Situationen zu gering ein. Beispielsweise wissen wir aus vielen Quellen, dass nur eins von zehn Start-ups (richtig) erfolgreich wird, mehr als acht von zehn scheitern innerhalb der ersten drei Jahre. Gleichwohl geht fast jeder Gründer davon aus, dass ausgerechnet sein Versuch erfolgreich wird.

Was unser eigenes Handeln betrifft, sind wir notorische Optimisten. Es wird schon nichts passieren. Wir leben mit der Wahrnehmung, dass wir eine recht gute Kontrolle über unser Leben haben. Eine Illusion, trotzdem glauben wir fest an einen erheblichen Einfluss unserer Handlungen auf das Ergebnis einer Situation.

- *Menschen können zufällige Ereignisse schlecht akzeptieren.*
- *Wir suchen nach Mustern.*
- *Die meisten Menschen sind vom guten Ausgang ihrer Aktionen überzeugt.*

Unseren Optimismus speist auch die Urteilsheuristik. Diese beschreibt unsere Vermutung hinsichtlich der Wahrscheinlichkeit eines Ereignisses. Wenn Menschen beispielsweise bestimmen sollen, wie wahrscheinlich ein Unfall auf einer bestimmten Strecke ist, legen sie unbewusst einen schlechten Fahrer als die Person zugrunde, die in einen solchen Unfall verwickelt wird. Uns selbst allerdings halten wir am Steuer für durchschnittlich gut, meist sogar für besser. Das ist der Grund, warum wir einen Unfall mit unserer Beteiligung für wenig wahrscheinlich halten.

- *Wir orientieren uns bevorzugt an persönlichen Erfahrungen.*
- *Wir vermuten häufig Zusammenhänge bei nicht verbundenen Ereignissen.*
- *Daran glauben wir meist fest – unabhängig von Fakten.*
- *Wir nutzen Zahlen, Daten und Fakten gerne als Begründung.*

Literatur

1 110 Euro für alles. Der Wein kostet 100 Euro mehr als die Kiste, also 105 Euro, fünf Euro kostet die Kiste ohne Wein.

2 Mehr dazu im Kapitel 1 „Einfach denken".

3 *https://nautil.us/issue/98/mind/that-is-not-how-your-brain-works* – abgerufen am 28. 02. 2021

4 Manche haben trotz Migrationshintergrund Deutsch als Muttersprache.

5 Rosenfelder, L.: „Deutsche Feuerwehren sind am Limit". *FAS* 31 (2018), S. 1

6 *http://www.fussball.de/newsdetail/real-trick-wie-gross-darf-ein-spielfeld-sein/-/article-id/143876#!/* – abgerufen am 15. 07. 2021

7 In Deutschland gibt es aktuell immerhin 2,95 Millionen Dollar-Millionäre – laut „Global Wealth Report" der Credit Suisse.

8 *https://www.wiwo.de/finanzen/boerse/global-wealth-report-zahl-der-millionaere-in-deutschland-waechst-besonders-stark/27312872.html* – abgerufen am 14. 07. 2021

9 Zittlau, J.: „Sauer ist nicht lustig". *Welt* vom 20. 08. 2019, S. 20

10 Ring, C. (2018): „Federführend am Himmel". *Welt* vom 13. 01. 2018, S. 21

11 Prooijen, J.-W. v.; Douglas, K. M.; De Inocencio, C.: "Connecting the dots: Illusory pattern perception predicts belief in conspiracies and the supernatural". *European Journal of Social Psychology* 4 (2018), doi: 10.1002/ejsp.2331

12 Fama, E. F.; French, K. R.: "Luck versus Skill in the Cross-Section of Mutual Fund Returns". *Journal of Finance* 65 (2010), S. 1915 – 1947

13 *http://www.faz.net/aktuell/finanzen/aktien/eugene-fama-im-gespraech-niemand-ist-schlauer-als-der-markt-13825812.html*

14 Mingels, G.: „Der Saldo der Welt". *Spiegel* 37 (2014), S. 50 – 58

15 Emmott, S.: *Zehn Milliarden*. Frankfurt am Main 2013

16 *https://www.hogrefe.de/shop/tests/intelligenztests.html* – abgerufen am 31. 01. 2020

17 *https://iqtest.sueddeutsche.de* – abgerufen am 31. 01. 2020

18 *http://de.statista.com/statistik/daten/studie/163521/umfrage/haiangriffe-weltweit-nach-regionen/*

8

Einfach mit anderen – erfolgreich(er) im Miteinander

*Die Menschen sind nicht immer, was sie scheinen,
aber selten etwas Besseres.*

Gotthold Ephraim Lessing, Schriftsteller

8

Einfach mit anderen –
erfolgreich(er) im Miteinander

- *Andere Menschen können wir gut einschätzen – glauben wir.*
- *Wir bilden schnell Stereotype.*
- *Ursachen für Verhalten suchen wir bevorzugt in der Person.*

„Wenn er in seinem Porsche 911 GTS Cabrio zu Terminen vorfährt, ist er sicher, dass er so den richtigen, den erwünschten Eindruck erweckt: Das Auto signalisiert Erfolg und Souveränität. So einen Mann brauchen meine Mandanten in der Regel." Sätze aus dem Porträt „Ich, Stahl" über den früheren Verteidiger der NSU-Muse Beate Zschäpe.[1] Ein ähnliches Bild vermittelt Christian Lindner, auch er Porsche-Fahrer und dazu FDP-Chef. Der war mit Marc Hujer[2] vom *Spiegel* im Restaurant des Reichstags. „Er setzt sich an einen der ersten Tische gleich neben dem Eingang, wo alle vorbeikommen müssen, Minister, Staatssekretäre, Journalisten. Er grüßt alte Bekannte quer durch den Raum."

Was für Selbstdarsteller, denken manche. Auch in den Beiträgen überwiegt das Erstaunen der Journalisten über den Auftritt. Andere finden vielleicht gerade das toll. Einfach mal dominant auftreten, dann würde man auch mehr respektiert.

Andere Menschen einschätzen

Wenn wir uns ein Bild von anderen Menschen machen, denken wir gerne in Typen oder Kategorien. Schemata helfen uns, die Welt besser zu ordnen. Wir glauben, sie dann besser zu verstehen. Solche Schemata bieten auch Persönlichkeitstests unterschiedlicher Couleur an. Die einfachen und fachlich gar nicht fundierten wie der DISG teilen Menschen in wenige Kategorien ein (DISG: Akronym der Kategorien). Es gibt keine Zusammenhänge zwischen Kategorie und Verhalten. Es handelt sich nur um pauschale Plattitüden – das ist wissenschaftlich gut belegt.[3] Prognosen über zukünftiges Verhalten sind aufgrund der Testergebnisse nicht möglich. Alles nur Hokuspokus. Machen Sie lieber das Gummibärchen-Orakel[4]. Trotzdem verkauft sich der Test gut. Die Idee ist einfach zu verlockend: alle Menschen in vier Typen einteilen und dann über den anderen Bescheid wissen.

- *Wir ordnen Menschen in Kategorien ein.*
- *Wir nutzen dabei bevorzugt nur wenig Merkmale.*
- *Diese Kategorien verändern wir ungern.*

Wenn wir Menschen nach wenigen Eigenschaften einordnen, hilft das bei der Einschätzung einer an sich komplexen Persönlichkeit. „Eigenschaften" als Erklärungsmuster sind darum sehr populär. Einfach und einleuchtend. Aber: Ralph M. Stogdill[5] publizierte einen kritischen Überblick der ernst zu nehmenden wissenschaftlichen Literatur. Sein klarer Schluss: Eine Liste wichtiger Eigenschaften zur Erklärung von Persönlichkeit würde in etwa alle Wörter umfassen, mit denen Menschen andere Menschen beschreiben. Sie wäre also bedeutungslos. Stabile, wenig veränderliche Eigenschaften als Erklärung für das Wesen und den Erfolg einer Person sind demnach auszuschließen. Wir müssen davon ausgehen, dass das Verhalten in einer Situation immer durch den gegenseitigen Einfluss von Person und Situation entsteht.

- *Wir schreiben Menschen stabile Eigenschaften zu = Persönlichkeit.*
- *Wir überschätzen oft den Anteil der Person.*
- *Wir unterschätzen den Anteil der Situation.*

Das Konzept der „Eigenschaften" nimmt an, dass Menschen über stabile Merkmale verfügen, die über lange Zeit hinweg das Verhalten dieser Person bestimmen. Menschen mit diesen Eigenschaften verhalten sich weitgehend gleich. Einfacher: Aggressive Menschen werden sich (fast) immer aggressiv verhalten, egal, mit wem sie es zu tun haben oder wie die Situation beschaffen ist. Menschliches Verhalten wird als statisch angenommen. Tatsächlich variiert menschliches Verhalten erheblich – bei einer Person in vergleichbaren Situationen, noch stärker zwischen Personen, selbst in identischen Situationen. Über verschiedene Situationen und Personen hinweg wird das Ganze noch komplizierter. Menschliches Verhalten lässt sich darum schlecht bis gar nicht vorhersagen.

Wir suchen nach Erklärungen, warum jemand etwas getan hat. Wir wollen dabei die inneren und äußeren Ursachen des Verhaltens abgrenzen – Person gegen Situation. War jemand schuld? Oder konnte er nicht anders? Das nennt man „Attribuierung". Harold Kelley[6] geht davon aus, dass wir immer nach Ursachen für Verhalten suchen. Wir vermuten die Ursachen in der Person, wenn sich jemand anders verhält als die übrigen (ich beschwere mich als Einziger über das Salatdressing), ebenso, wenn jemand sich in verschiedenen Situationen ähnlich verhält (ich beschwere mich oft, egal ob im Restaurant oder im Theater), und genauso, wenn ich mich in ähnlichen Situationen stets gleich verhalte (ich beschwere mich immer über das Dressing). Die Ursachen für das Verhalten vermuten wir dagegen in der Situation, wenn sich andere ähnlich verhalten (das Dressing schmeckte auch den anderen Gästen nicht) oder wenn das Verhalten für mich sehr besonders ist (ich meckere sonst nie). Unser eigenes Verhalten interpretieren wir grundsätzlich anders. Die Ursachen schreiben wir häufiger der Situation zu, bei anderen dagegen bevorzugt der Person. Wenn wir solche Ursachen „entdeckt" haben, erklären wir vergleichbares Verhalten meist gleich.

- *Attribuierung – wir vermuten Ursachen für das Verhalten anderer Menschen.*

Wenn wir uns einmal eine Meinung gebildet haben, halten wir gerne daran fest. Wir suchen gezielt nach bestätigenden Informationen. Alles andere ignorieren wir. Vom amerikanischen Soziologen Robert K. Merton[7] stammt die Theorie der sich selbst erfüllenden Prophezeiung: Danach gestalten wir unbewusst unsere Wahrnehmung so, dass sie mit unserer Meinung in Einklang steht. Beispielsweise ist gut dokumentiert, dass Lehrer dieselbe Klassenarbeit besser bewerten, wenn sie glauben, diese stamme von einem Schüler mit sonst guten Leistungen.

- *Am Verhalten anderer nehmen wir bevorzugt hervorstechende Aspekte wahr.*
- *Wir generalisieren von einzelnen Beobachtungen auf ein Urteil über die Person.*
- *Erfolg hat die Person, für Misserfolg sind die Umstände verantwortlich.*
- *Wir achten bevorzugt auf Ereignisse, die unsere Meinung bestätigen.*

Menschen neigen dazu, die Welt in „wir" und „andere" ein-
zuteilen. Deutsche >< Engländer, Klimaretter >< SUV-Fahrer,
„mein" Verein >< der „Gegner". Die „anderen" machen das
genauso. Die Guten dabei sind meist wir. Damit schützen wir
unsere soziale Identität, halten unser positives Selbstbild
aufrecht, verringern Unsicherheiten. Einen neuen Aspekt
fand Hans Alves[8], Universität Köln: Er untersuchte die Frage,
worauf wir bei Begegnungen mit Fremden bevorzugt achten.
Gemeinsamkeiten werden demnach weniger beachtet. Stattdessen konzentrieren wir uns auf Neues und auf Unterschiede. Diese Merkmale werden dann – wegen ihres An-
ders-Seins – häufiger auch negativ bewertet. Das führt zu
einem Bewertungsfehler. Kontakt verändert diese Wahrnehmung – je häufiger wir „solchen" anderen begegnen und je
mehr wir mit ihnen zu tun haben, umso mehr rücken Gemeinsamkeiten und Ähnlichkeiten in den Fokus.

- *Kategorien erleichtern uns die Einschätzung anderer
  Menschen.*
- *Individuelle Unterschiede werden dabei leicht überdeckt.*
- *Unterschiede zwischen Gruppen werden überschätzt.*
- *Unterschiede zwischen Angehörigen derselben Gruppe
  werden unterschätzt.*

Als Stereotype bezeichnet man solche pauschalen Urteile
über Menschen. Das können Farbige sein, Finanzbeamte
oder Französinnen. So vereinfachen wir die Komplexität unseres Umfelds. Wir ordnen Menschen in Kategorien ein und
versehen dann alle Angehörigen dieser Gruppe mit denselben Attributen. Fatal wird es dann, wenn es uns nicht gelingt, Menschen mit ihrer Individualität hinter der Kategorie
zu entdecken.

Von Hochstaplern werden solche Stereotype zur Täuschung
benutzt. Da unsere Wahrnehmung mit diesen Schablonen ar-

beitet, ist es leicht, mit wenigen typischen Verhaltensweisen in die richtige Rolle zu schlüpfen. Polizeibeamte oder Piloten tragen nicht nur eine Uniform, sie zeigen auch einige typische Verhaltensweisen. Menschen, die diese abbilden und somit unserem Erwartungsbild entsprechen, können uns leicht täuschen. Hochstaplern gelingt das immer wieder   sei es nun Friedrich Wilhelm Voigt als Hauptmann von Köpenick, Frank Abagnale – die reale Figur hinter der Rolle von Leonardo DiCaprio im Film *Catch me if you can* – oder der gelernte Zusteller Gert Postel, der in der Rolle eines Dr. Dr. Clemens Bartholdy mehrfach ärztliche Führungspositionen in Kliniken bekleidete.

Einfach kommunizieren

Gefragt, warum er Banken ausraube, antwortete Willie Sutton (ein legendärer Verbrecher aus New York) „Because that's where the money is."[9] („Weil dort das Geld ist."). Ingeborg Glock (Pseudonym Fanny Müller) zur Ausländerfeindlichkeit: „Ich frage Sie: Können Menschen, die ihre Kinder Marvin, Kevin, Mandy und Michelle-halt's-Maul (meine Nachbarin von gegenüber) nennen, ausländerfeindlich sein?"[10] Das eine wird gefragt, das andere wird gesagt. Das eine wird gesagt, das andere wird verstanden. Kommunikation ist kompliziert, und doch tun wir „ES" ständig.

Erfolgreich kommunizieren – die Sache mit Sender und Empfänger

Wir kommunizieren immer – ob Sie eine lange komplizierte Rede halten oder ob Sie Ihren Gesprächspartner mitten im

Satz einfach stehen lassen. Signale empfangen und senden wir auf allen Ebenen – Körperhaltung, Gestik, Lautstärke, auch mit dem Inhalt. Meist werden viel mehr Signale gesendet, als Sender und Empfänger überhaupt wahrnehmen. Jeder konzentriert sich bevorzugt auf bestimmte Signale, andere Elemente erhalten keine Aufmerksamkeit. Sender und Empfänger achten dabei nicht unbedingt auf dieselben Signale. Auch werden Signale unterschiedlich verstanden. Ist eine Kostümierung als „Pocahontas" zum Karneval nur eine von vielen möglichen Verkleidungen oder eine Geschmacklosigkeit gegenüber den Angehörigen der „First Nations"? Nett, vielleicht sogar sexy – oder geschmacklos?

Zwischenmenschliche Kommunikation beschreibt zunächst einfach den Austausch von Signalen zwischen Sender und Empfänger. Unser Gehirn wählt eine Nachricht aus, codiert und sendet diese. Der Sender sind dann unsere Stimme und vielleicht unsere Gesten. In den Augen und Ohren und dem Gehirn des Empfängers werden die Signale wahrgenommen, decodiert und interpretiert.

- *Wir kommunizieren immer.*
- *Kommunikation findet auf der Sach- und auf der emotionalen Ebene statt.*
- *Sender und Empfänger codieren und decodieren dieselbe Nachricht oft unterschiedlich.*

Es gibt Nachrichten, deren Inhalte durch konkrete Übermittlungsprobleme leiden – der Sender spricht zu leise, die Umgebungsgeräusche sind zu laut. Die häufigste Ursache für Missverständnisse jedoch ist zwischen den Ohren. Kommunikation dient auf jeden Fall dem Zweck, sachliche Inhalte (= Informationen) zu übermitteln. Wie komme ich von hier auf dem schnellsten Weg zum Bäcker? Welche Tasten muss ich

drücken, um beim Smartphone die Lupenfunktion einzu-
schalten?

Paul Watzlawick[11] stellt fest, dass wir immer kommunizieren – durch Kooperation, aber auch, indem wir die erwartete
Antwort oder Reaktion verweigern. Jede Kommunikation hat
inhaltliche Aspekte und Facetten, die Informationen zur Beziehung der Personen vermitteln. Jemand will seine Kompetenz zeigen oder auf unser Unvermögen hinweisen.

- *Man kann nicht nicht kommunizieren. (Paul Watzlawick)*

Vier Seiten einer Nachricht

Friedemann Schulz von Thun[12] hat das Modell der „vier
Seiten einer Nachricht" formuliert. Dieses Modell beschreibt,
dass jede Nachricht immer eine Vielzahl von Botschaften
enthält. Gesendet wird auf den vier Kanälen der Sachbot-
schaft (das WAS …), des Appells, der Selbstoffenbarung und
der Beziehung (… und das WIE der Nachricht). Jeder Sender
sendet immer gleichzeitig auf allen vier Kanälen. Die gesen-
dete Nachricht entspricht jedoch keineswegs der empfange-
nen Nachricht. Eine „Sendung" kann nicht eindeutig sein,
sie kann zu wenig verständlich sein oder nur indirekt formulierte Botschaften enthalten. Der Empfänger kann einzelne
Elemente der Botschaft stärker wahrnehmen als andere
oder er kann sie vielleicht auch schlicht und einfach nicht
verstehen.

- *Kommunikation auf der Sachebene transportiert die
  Inhalte.*

Einfacher zu verstehende Botschaften sind explizit (= ausdrücklich formuliert), schwieriger sind implizite (= nicht ausdrücklich gesagte) Botschaften. Noch komplizierter wird die Sache dadurch, dass die Botschaften auf jedem der vier Kanäle jeweils explizit oder implizit sein können. Und neben dem gesprochenen Wort werden weitere Signale körpersprachlich codiert, und alle Signale können kongruent (= inhaltlich gleichgerichtet) oder inkongruent (= widersprüchlich) sein.

Und es wird noch verwirrender: Die Wahrnehmung ist subjektiv – abhängig von unseren Erfahrungen und Einstellungen, unserer momentanen Gestimmtheit oder unserer körperlichen Verfassung und vielen anderen Faktoren. Sie alle beeinflussen die Interpretation der Nachricht.

Da ist es kein Wunder, dass es immer mal wieder zu Missverständnissen kommt.

Die Sachinformation enthält dem Namen entsprechend die Informationen über den Sachverhalt („Die Ampel ist rot", „Die Auswahl der Klingeltöne treffen Sie in der Rubrik ‚Einstellungen'"). Wenn andere Elemente stärker betont oder stärker wahrgenommen werden, können die Sachinformationen in den Hintergrund rücken. Entscheidend für die Qualität der Sachaussage ist unser Bemühen um Verständlichkeit und klare Kernaussagen, logische und strukturierte Argumentation. Kurze Sätze, eher sparsam gebrauchte Fachausdrücke und Fremdwörter machen meist besser deutlich, was wir vermitteln wollen.

- *Kommunikation auf der emotionalen Ebene besteht aus Appell, Selbst- und Beziehungsaussage.*

Der Appell dient der Klärung von Zielen und Absichten („An der nächsten Ampel links abbiegen"), der Appell ist eine Aufforderung zum Handeln. Wir wollen Einfluss nehmen. Das gelingt leichter, wenn ich einen Nutzen auch für den Partner deutlich machen kann.

Das Element der Selbstaussage oder der Selbstoffenbarung informiert über den Sender („*Ich* weiß Bescheid", „*Ich* mag das nicht"). Diese Botschaften werden manchmal ignoriert oder zumindest nicht hinreichend gewichtet. Über die Selbstaussage stellen wir unsere Bedürfnisse dar.

Der Beziehungsaspekt definiert die jeweilige Wahrnehmung der Beziehung („*Ich* weiß das besser", „*Du* wolltest das doch reparieren"). Auf dieser Ebene drücke ich Akzeptanz oder Ablehnung aus, ebenso meine Sicht der gegenseitigen Verpflichtung oder der Machtverhältnisse.

Klarheit auf der emotionalen Ebene

- *Präzise Botschaft – Kernaussagen*
- *Deutliche Darstellung der eigenen Position*
- *Vorschläge – Appelle – Anweisungen*
- *Steuern durch Fragen und Zusammenfassung*
- *Keine unnötigen Entschuldigungen oder Erklärungen*
- *Körperliche Hinwendung*
- *Aufmerksamkeitssignale wie Blickkontakt oder Nicken*

Das kleine Gespräch – Small Talk leicht gemacht

Corona ist bald vorbei, zumindest ein wenig (geschrieben im Juli 2021). Menschen dürfen wieder gemeinsam in Restaurants gehen, ins Theater, in Konzerte oder auf Festivals. Da treffen Menschen aufeinander, die sich kaum oder gar nicht kennen. Wenn Sie für sich bleiben wollen, auch in den Pausen – prima. Wenn nicht, ist die richtige Zeit für Small Talk – unverbindliches, ungezwungenes, leichtes, auf den ersten Blick zielloses Geplauder.

Gut plaudern statt sprachlos

Auf geschicktem Geplauder lassen sich Fernsehkarrieren aufbauen – Günther Jauch ist ein Beispiel. Wer immer bei ihm zu Gast ist, darf mit einem angenehmen Gesprächsklima und netten Fragen rechnen – beim Quiz oder in einer Talkshow. Da wird kaum kritisch nachgefragt oder kommentiert, (fast) jedem geht es gut, alle kommen gerne. Der Moderator gibt den guten Gastgeber, er zeigt Interesse, ist freundlich und sorgt für eine lockere Atmosphäre.

Wenn Menschen ohne „richtige" Agenda zusammentreffen, ist die Fähigkeit gefragt, gekonnt zu plaudern. In sozialen Situationen fühlen wir uns am wohlsten, wenn beide „die gleiche Wellenlänge" haben. Das hat sogar einen wissenschaftlichen Hintergrund.[13] Nehmen wir bei anderen Emotionen wahr, werden in unserem Gehirn ähnliche Bereiche aktiviert, wie wenn ich die Gefühle selbst empfinde. Wenn sich der Gesprächspartner wohlfühlt, geht es mir (meist) auch besser.

- *Small Talk – lockert Situationen auf.*

Ob die gemeinsame Fahrt nur gefühlt lange dauert oder ob sie tatsächlich länger ist, ob Sie Gast auf einer Feier sind oder neu bei einem Treffen der Projektgruppe … Gelegenheiten für Small Talk gibt es viele. Lockeres Plaudern schafft eine angenehme Atmosphäre. Statt darauf zu warten, dass der andere etwas sagt … beginnen Sie doch einfach ein Gespräch. Das ist auch darum eine gute Idee, weil der erste Eindruck maßgeblich für den weiteren Kontakt zwischen Menschen ist. Unser weiteres Verhalten im Kontakt richten wir nach dem ersten Eindruck aus. Darum ist ein guter Start so wichtig!

- *Small Talk ist leicht.*

Es geht eindeutig nicht um die Demonstration von Kompetenz und Erfahrung. Einfach nur plaudern, eine Beziehung aufbauen – für den Moment. Ein Gespräch ohne nachprüfbares Ergebnis oder philosophische Letztbegründungen.

Stellen Sie sich kurz vor. Merken Sie sich den Namen Ihres Gegenübers. Das geht leichter, wenn Sie den Namen im Gespräch wiederholen. Das bringt sogar zusätzliche Pluspunkte: Jeder hört seinen eigenen Namen gern, auf den eigenen Namen reagieren wir mit erhöhter Aufmerksamkeit. Das Thema ist fast nebensächlich. Einzige Bedingung: Wählen Sie etwas „Weiches". Das kann der Ort des Treffens sein, der Anlass für Ihrer beider Anwesenheit, eine Anekdote von der Anreise. Sie können über ein aktuelles Buch oder einen Film sprechen. Geben Sie ein bisschen von sich preis, erzeugen Sie gute Laune, zeigen Sie Humor. Finden Sie ein paar Gemeinsamkeiten und plaudern Sie darüber.

Guter Small Talk drückt Interesse an Ihrem Gegenüber aus. Zwei Menschen verbinden sich für ein paar angenehme Minuten zu einem guten Gespräch, gleiche Wellenlänge, locker und unverbindlich, auf Augenhöhe. Dann erinnern sich beide gerne an den schönen Moment. Lassen Sie Ihrem Partner Raum – fast jeder spricht gerne über sich. Man hat dann immer das Gefühl, dass es ein gutes Gespräch war. Stellen Sie gerne ein paar Fragen und hören aufmerksam zu. Ihr Gegenüber wird Sie dafür schätzen.

- *Small Talk meidet Kritisches.*

Angenehm plaudern kann man meist schlecht über kontroverse Themen. Sie wissen ja vorher nicht, wie Ihr Gesprächspartner die Sache sieht. Also vermeiden Sie besser alles, was mit Politik und anderen Glaubensbekenntnissen zu tun hat. Auch die detaillierte Beschreibung der Operation am Zwölffingerdarm passt eher nicht. Small Talk ist kein Kreuzzug und keine Aufklärung, weder Seminar noch Selbsterfahrung, es ist einfach Small Talk. Unverfängliche Themen sind besser geeignet.

Es sei denn, Sie wollen provokantes Auftreten und Beleidigungen zu Ihrem Markenzeichen machen. Dann treten Sie ruhig mit gewagten Thesen oder Unverschämtheiten hervor. Obwohl – Mario Barth und seine Aussagen knapp unter Stammtischniveau mögen die meisten nicht so richtig. Auch mit Vertraulichkeiten oder Indiskretionen, womöglich über Anwesende, punkten Sie meist nicht. Small Talk ist nettes Geplauder.

- *Small Talk ist weder Wissenstest noch Armdrücken.*

„Also, die Allgemeinverfügung der BaFin zur Neufestsetzung von Positionslimits für French-Power-Future-Kontrakte vom 21. April kann man kritisieren, finde ich. Dort wurde übersehen, dass ..." Wenn Ihr Thema – profundes – Fachwissen voraussetzt, treffen Sie unter Umständen auf Gesprächspartner, die dem nicht gewachsen sind. Oder die bei einem lockeren Treffen einfach keine Lust haben, über Kompliziertes zu sprechen. Sprechen Sie Themen an, die für jedermann zugänglich sind und die allen Spaß machen. Gehen Sie nicht zu sehr in die Tiefe. Ihre Kompetenz können Sie zu einer anderen Zeit und an einem anderen Ort demonstrieren. In Fachgremien wird man das sicher zu schätzen wissen.

Wenn Ihr Gesprächspartner von seinem Interesse für zeitgenössische Malerei spricht, müssen Sie seinen Kommentar auch nicht zwingend mit der Anekdote toppen, wie Sie neulich Meschenmoser in seinem Atelier besucht haben. „Meine Kajaktour in der Antarktis, mein Aufstieg auf den Licancabur, mein Ritt durch die Gobi!" Schön, dass Sie diese Erfahrungen sammeln konnten, gut für Ihre Bucketlist. Nicht schön für den Gesprächspartner, wenn die leichte Plauderei in ein soziales Kräftemessen ausartet.

- *Small Talk blättert durch Themen.*

Guter Small Talk plätschert dahin, aber stetig. Das Gespräch muss kein Ergebnis haben. „Good vibrations" reichen. Die „Suche" nach gemeinsamen Bekannten („Ich sah Sie vorhin mit … sprechen. Wie haben Sie die Paula denn kennengelernt?") oder Erlebnissen ("Wie fanden Sie …?"), die Frage nach dem Grund der Anwesenheit ("Ich bin hier, weil … Und Sie?") oder nach Interessen ("Wohin fahren Sie gerne in Urlaub?"). Über dieses Thema lässt sich dann beliebig weiterplaudern. Knüpfen Sie einfach an Stichworte aus der Antwort an. Und schon ist der Small Talk in Schwung.

Gesprächskiller sind Monologe. So zwei Minuten sind Maximum, dann muss der andere zu Wort kommen. Eine angenehme Gesprächsatmosphäre entsteht, wenn beide Gesprächspartner ungefähr den gleichen Redeanteil haben. Geben Sie den Ball ab, hören Sie lächelnd zu. Für Ihr Interesse und Ihre Aufmerksamkeit wird man Sie schätzen.

Zu guter Letzt – das Ende

Eine gute Plauderei endet auch gut. Die meisten Menschen wollen bei einer Veranstaltung auch mit anderen sprechen, also machen Sie es möglich. „Entschuldigung, ich sehe dort gerade XY. Mit ihm muss ich unbedingt noch sprechen. Es war sehr nett, dass wir miteinander reden konnten." Geeignet ist auch ein Abgang mit Verweis auf später: „Ich würde mich freuen, wenn wir in Kontakt bleiben. Darf ich mich bei Ihnen melden?" Halten Sie Ihr Versprechen dann auch ein. Stellen Sie einen Dritten vor, am besten jemanden, mit dem es Gemeinsamkeiten gibt oder den Ihr Gesprächspartner ohnehin einmal kennenlernen wollte. Oder – als letzter Ausweg: „Ich habe ein richtig schlechtes Gewissen, Sie hier komplett in Beschlag zu nehmen." Das nimmt kaum jemand übel, deswegen sind alle anderen auch gekommen. Und es hilft, elegant zu entkommen.

- *Small Talk kann man üben.*

Wenn Sie öfter smalltalken „müssen", sollten Sie üben. Je öfter Sie das machen, desto besser können Sie werden. Suchen Sie gezielt Situationen für spontane Gespräche. Sprechen Sie im Geschäft oder im Restaurant mit der Bedienung – wechseln Sie ein paar Worte über ein anderes Thema, statt nur Ihre Bestellung aufzugeben. Plaudern Sie ein bisschen mit Kollegen, mit denen Sie sonst wenig Kontakt haben. Das geht auch im Videochat. Sogar mit jemandem, den Sie im Fahrstuhl treffen oder am Marktstand, können Sie ein paar Worte wechseln. Unverbindlich, aber nett. Meist fühlen Sie sich danach sogar ein wenig besser.

Kompetenz, Motivation und harte Arbeit, Kritikfähigkeit und Lernbereitschaft – diese Faktoren werden meist als entscheidend für eine Karriere bezeichnet. Genannt werden immer wieder dieselben Aspekte, unabhängig davon, ob Sie erfolgreiche Menschen befragen oder sich auf Karriereportalen wie StepStone informieren.

Investieren Sie in den Top-Karrierefaktor

Das soziale und Karriereumfeld, kurz Netzwerk, kommt dabei meist zu kurz. Dabei belegen fundierte Untersuchungen und Metaanalysen wie die von Andreas Hirschl (Uni Bern)[14] oder Hans-Georg Wolff und Klaus Moser (Köln und Erlangen)[15] eindeutig den Wert eines guten Netzwerks als einen der wichtigsten, wenn nicht als den Top-Karrierefaktor. Führungskräfte scheinen das auch zu wissen oder zu spüren – zumindest benennen 80 Prozent der Teilnehmenden an einer Studie auf LinkedIn professionelles Networking als entscheidend für ihren beruflichen Erfolg.[16] Kompetenz und harte Arbeit sind weniger wert, wenn Sie kein Netzwerk haben oder es nicht ausreichend gut pflegen. Bewerbungen führen eher zum Erfolg, wenn Mitarbeiter des Unternehmens Sie empfehlen. Wenn Sie schon einige der neuen Kollegen kennen, arbeiten Sie meist erfolgreicher.

- *Netzwerke helfen, erfolgreich zu sein.*
- *Netzwerke funktionieren nach dem Tit-for-Tat-Prinzip.*

Im Unternehmen sind Führungskräfte dann erfolgreich, wenn sie Kolleginnen und Kollegen haben, die ihnen helfen und zur Seite springen. Und wenn Sie in anderen Unternehmen ausreichend viele Menschen kennen, die mal schnell und formlos helfen können – sei es mit der beschleunigten Bearbeitung eines Auftrags oder mit begehrtem Material oder vielleicht nur mit einer wichtigen Information. Bauen Sie ein Netzwerk auf.

Das hilft nicht nur Menschen. Auch bei vielen Tierarten entscheiden gute Netzwerke über den Rang im Rudel – und damit auch über den Fortpflanzungserfolg, den (biologisch gesehen) eigentlichen Zweck unseres Daseins. Das Verhalten von Hyänen wird seit Jahrzehnten in der Masai Mara[17] und im Ngorongoro-Krater[18] intensiv erforscht. Die Ergebnisse zeigen, dass junge Hyänen wichtige Verhaltensweisen von ihren jeweiligen Müttern lernen. Die Kinder der Clan-Chefin haben damit deutlich bessere Chancen auf Führungspositionen. Auch müssen die Söhne rangniederer Mütter sich häufig andere Clans suchen, dort fehlen ihnen dann wiederum „Freunde", die ihre Rolle in der Gruppe stützen könnten.

Kontakte hat jeder: Freunde, ehemalige Schulkameraden, Bekannte, Vorgesetzte, Arbeitskollegen und viele mehr. Machen Sie eine Liste, wen Sie alles kennen. Der nächste Schritt ist das Sortieren. Für ein gutes Netzwerk sind Auswahl und Intensität die entscheidenden Faktoren. Netzwerke umfassen immer nur eine begrenzte Anzahl Menschen. Es gibt eine magische Grenze, ab der wir keine ausreichende Nähe herstellen oder auch empfinden können. Der britische Anthropologe Robin Dunbar[19] untersuchte in den 1990er-Jahren den Zusammenhang zwischen Gehirn und Gruppengröße. Unser Gehirn kann nur eine begrenzte Zahl von Kontakten sinnvoll verarbeiten. Diese Grenze wird Dunbar-Zahl genannt. Für diese Personen kennen wir Gesicht, Namen und persönliche Informationen. Die Zahl liegt bei den meisten Menschen bei etwa 150 Personen, plus minus 50.

- *Netzwerke haben einen begrenzten Umfang – etwa 150 Menschen.*
- *Arbeiten Sie aktiv an Ihrem Netzwerk.*

Menschen haben im Durchschnitt fünf sehr intime Freunde, 15 wirklich gute und maximal 50 Menschen im weiteren Freundeskreis. Mit einem um gute Kontakte erweiterten Umfeld kommt man auf 150. Diese Anzahl Kontakte können wir pflegen. Netzwerke verändern sich – neue verdrängen alte Kontakte. Die Zahl der relevanten Personen bleibt jedoch weitgehend gleich. Der soziale Austausch in einem Netzwerk funktioniert nach dem Motto „geben und nehmen".[20] Mark Granovetter[21], ein amerikanischer Soziologe, untersuchte die Struktur erfolgreicher Netzwerke. Er beschreibt die entscheidenden Faktoren als die gemeinsam verbrachte Zeit, die emotionale Intensität der Aktivitäten, das Verständnis füreinander und das Vertrauen ineinander sowie den wechselseitigen Nutzen.

Wenn Sie also ein Netzwerk aufbauen und nutzen wollen, achten Sie auf die limitierenden Faktoren: die verfügbare Zeit und die Kapazität unseres Gehirns. Netzwerke brauchen Pflege in Form von Sympathie und Nähe. Die anderen müssen Sie – zumindest ein wenig – mögen und den Eindruck haben, von der Beziehung zu profitieren. Privat kann das die Versorgung der Haustiere im Urlaub sein oder gemeinsame Aktivitäten.

Gute Beziehungen schaden nur dem, der sie nicht hat. Man kennt sich, mag sich und hilft sich. Gute Beziehungen können Wege bahnen. Netzwerke funktionieren, weil die Mitglieder eines Netzwerks die Möglichkeit haben, sich gegenseitig zu belohnen. Aufmerksamkeit und Nähe sind die immateriellen Belohnungen, Hinweise auf freie Stellen beispielsweise sind die materiellen.

Erfolgreiche Netzwerke

- *Klasse statt Masse: Der Wert des Netzwerks misst sich an der Qualität seiner Mitglieder.*
- *Geben und nehmen: Investieren Sie, dann können Sie auch fordern.*
- *Zeit: Regelmäßige Kontakte – virtuell und persönlich.*
- *Kern: Wer sind Sie? Was bieten Sie?*
- *Eindruck: Achten Sie auf die „richtige" Wirkung.*
- *Interesse: Seien Sie interessiert an anderen, dann sind auch Sie interessant.*
- *Strategie: Planen Sie, wen Sie einbinden wollen – und wen nicht.*
- *Verlass: Halten Sie Ihre Zusagen ein.*
- *Gemeinsamkeiten: Suchen Sie Übereinstimmungen.*
- *Aktualität: Passen Sie Ihr Netzwerk an.*

Einfach beeinflussen – in die richtige Richtung schubsen

Eine Universität in Dänemark brachte neben Lichtschaltern den Hinweis an, dass 85 Prozent der Studenten das Licht beim Verlassen des Raums ausschalten. Das Licht blieb tatsächlich weniger häufig an – eine Verbesserung um etwa 25 Prozent wurde erreicht.[22] So spart man Energie!

Richard Thaler[23], Nobelpreisträger für Wirtschaftswissenschaften 2017, erforscht die Grundsätze, nach denen Menschen entscheiden (= Heuristiken). Er fand, dass Menschen zu falschen Entscheidungen neigen: Sie können bei der Geldanlage den Zinseszinseffekt als objektiv wichtigen Faktor nicht richtig einschätzen. Wir überschätzen systematisch den Wert unserer Besitztümer. Da wir zu solchen systematischen Fehlern neigen, hat Thaler das Konzept des „Nudging" entwickelt. Das englische Wort „Nudge" kann man mit „Schubser" übersetzen. Und der soll uns in die „richtige" Richtung schubsen. Der Staat – oder andere klügere Instanzen – sollen uns nach Thaler dabei helfen, uns richtig zu verhalten.

- *Menschen machen Fehler bei wichtigen Entscheidungen.*
- *Nudging = Lenken durch Belohnung für das richtige Verhalten.*

Nudging bedeutet, nicht das „falsche" oder unerwünschte Verhalten zu bestrafen, sondern das erwünschte zu belohnen. Bereits in den 1930er-Jahren erforschte der amerikanische Psychologe Burrhus Frederic Skinner, wie wir lernen. Berühmt wurde er durch seine Versuche mit Tauben und Ratten in der „Skinnerbox". Diese Box ermöglicht einen weitgehenden Ausschluss von Störfaktoren. Aufbauend auf den Ergebnissen seiner Versuche entwickelte Skinner das Konzept des „operanten Konditionierens". Lernen funktioniert demnach besonders gut, wenn auf das gezeigte Verhalten eine Belohnung (= positive Verstärkung) folgt. Beispielsweise lächeln wir jemanden an und der lächelt zurück, oder wir bestellen ein Stück Buttercremetorte beim Kellner, und dieser bringt uns tatsächlich das gewünschte Stück Kuchen. Dieses durch die angenehmen Folgen verstärkte Verhalten werden wir danach häufiger zeigen. Verstärkung kann auch bedeuten, dass eine negative Konsequenz ausbleibt: Wenn Sie eine Sonnenbrille aufsetzen, werden Sie nicht mehr von der Sonne geblendet. Sie werden bei Sonnenschein also vermutlich häufiger eine Sonnenbrille aufsetzen.

Wir lernen auch, wenn auf unser Verhalten eine Bestrafung erfolgt. Allerdings hält der Effekt meist nur so lange an, wie die Strafe folgt. Das Verhalten wird nicht unbedingt verändert. Stattdessen wird häufig nach Wegen gesucht, das Verhalten beizubehalten, die Strafe aber zu vermeiden. Bestrafung führt nie zu einer Verstärkung des erwünschten, sondern zu einer – oft kurzfristigen – Abschwächung oder Unterdrückung des unerwünschten Verhaltens. Lernen wird im Anfangsstadium durch kontinuierliche (jedes Mal) Verstärkung erleichtert, in der Folge durch intermittierende (ab und an) Verstärkung besser aufrechterhalten.[24]

- *Nachhaltiges Lernen gelingt durch die Verstärkung des gewünschten Verhaltens.*

Nudging basiert auf diesem Konzept der positiven Verstärkung. Wenn auf dem Plakat an der Autobahn eine junge hübsche Frau mahnt, heil nach Hause zu kommen, dann ist das der Versuch, das Verhalten der Autofahrer durch Nudging zu lenken (Vorsichtig fahren lohnt sich!). Auf den Plakaten sehe ich nie attraktive Männer, die darauf warten, dass ihre Herzallerliebste sicher heimkehrt – fahren alle Frauen vorsichtiger als Männer?

Die CDU hat das Prinzip im Wahlkampf in Nordrhein-Westfalen genutzt, um Unterstützer im Internet zu mobilisieren. Besonders engagierte Bürger wurden für ihren Einsatz im Dienst der Partei auf Facebook mit dem Aufstieg vom „Lehrling" zur „Wahlkampflegende" belohnt.[25] Selbst mit rein ideellen Bonussystemen lässt sich menschliches Verhalten prima lenken.[26]

Wenn Menschen das Angebot erhalten, an einer Aktion teilzunehmen, müssen sie Energie investieren und sich entscheiden (Opt-in). Das geschieht in vielen Fällen nicht, auch wenn sie für das Thema eigentlich aufgeschlossen sind. Wenn sie jedoch automatisch als Teilnehmer gelten und sich aktiv dagegen entscheiden müssen (Opt-out), werden die meisten dabeibleiben. Opt-out kostet zusätzliche Energie. Ein Beispiel für die Wirksamkeit ist Österreich, das mit seiner Opt-out-Klausel etwa 70 Prozent potenzielle Organspender hat im Gegensatz zu Deutschland mit seiner Opt-in-Klausel und nur knapp 30 Prozent zur Spende bereiter Bürgern.

Mit Belohnungen lässt sich erwünschtes Verhalten zumindest unterstützen. Wenn Sie bei anderen etwas erreichen wollen, denken Sie also eher an unterstützende Aktionen. Verlocken über verhauen! Damit wird zudem vermieden, dass Menschen unter Zwang mit Widerstand reagieren. Dieses Phänomen nennt sich Reaktanz. Wenn wir das Gefühl haben, unsere Handlungsfreiheit sei (zu sehr) eingeschränkt, versuchen wir, diese wiederzuerlangen. Im Zweifel sind wir sogar bereit, dafür Nachteile in Kauf zu nehmen. Menschen widersetzen sich zu starkem Druck.

- *Belohnung wirkt besser.*
- *Erwünschtes Verhalten wird dann häufiger.*
- *Zu viel Druck führt zu Widerstand.*

Literatur

1 https://www.welt.de/politik/deutschland/plus183982466/Wolfgang-Stahl-Wer-Zschaepes-Anwalt-ist-zahlt-einen-Preis.html – abgerufen am 14.07.2021

2 Hujer, M.: „Ein Männertraum". *Spiegel* 32 (2018), S. 52 – 56

3 Eisele, D.: Persönlichkeitstests unter der Lupe. Personalführung, 2010, 10, S. 32 – 41; König, C. J.; Marcus, B.: „TBS-TK Rezension: ‚Persolog Persönlichkeits-Profil'". *Psychologische Rundschau* 64 (2013), S. 189 – 191

4 https://www.gummibaerchen-orakel.ch/echte.html – abgerufen am 20.07.2021

5 Stogdill, R. M.: *Handbook of Leadership. A Survey of Theory and Practice.* New York 1974

6 Kelley, H. H.: "Attribution in Social Psychology". *Nebraska Symposium on Motivation* 15 (1967), S. 192 – 238

7 Merton, R. K.: "The self-fulfilling prophecy". *Antioch Review* 8 (1948), S. 193 – 210

8 Alves, H.; Koch, A.; Unkelbach, C.: "A Cognitive-Ecological Explanation of Intergroup Biases". *Psychological Science* 29 (2018), S. 1126 – 1133

9 Hank, R.: „Lasst bloß den Bankräubern ihr Bargeld!" *FAS* 8 (2016), S. 25

10 Schmitter, E.: „Kultur im Beutel". *Spiegel* 22 (2016), S. 217

11 Watzlawick, P.; Beavin, J. H.; Jackson, D. D.: *Menschliche Kommunikation.* Stuttgart 1982

12 Schulz von Thun, F.: *Miteinander reden. Störungen und Klärungen – Psychologie der zwischenmenschlichen Kommunikation.* Hamburg 1981

13 Singer, T.; Lamm, C.: "The social neuroscience of empathy. The Year in Cognitive Neuroscience 2009". *Annals of the New York Academy of Sciences* 1156(1) (2009), S. 81 – 96

14 Hirschl, A. et al: "Assessing Key Predictors of Career Success". *Journal of Career Assessment* 26 (2018), S. 338 – 358

15 Wolff, H.-G.; Moser, K.: "Effects of Networking on Career Success: A Longitudinal Study". *Journal of Applied Psychology* 94 (2009), S. 196 – 206

16 https://news.linkedin.com/2017/6/eighty-percent-of-professionals-consider-networking-important-to-career-success

17 Turner, J. W.; Bills, P. S.; Holekamp, K. E. (in review): "Early life relationships matter: Social position during early life affects fitness among female spotted hyenas". *Proceedings of the Royal Society London B*, *https://www.holekamplab.org/hyena-publications.html* – abgerufen am 16.07.2021

18 Davidian, E. et al: "The interplay between social rank, physiological constraints and investment in courtship in male spotted hyenas". *Functional Ecology* vom 14.12.2020, *https://doi.org/10.1111/1365-2435.13733*

19 Dunbar, R. I. M.: "Coevolution of neocortical size, group size and language in humans". *Behavioral and Brain Sciences* 16 (4) (1993), S. 681 – 735

20 Zur Reziprozität – siehe das Kapitel 5 „Einfach überzeugen".

21 Granovetter, M. S.: "The Strength of Weak Ties". *American Journal of Sociology* 78 (1973), S. 1360 – 1380

22 *https://fehradvice.com/blog/2013/05/26/nudges-in-der-praxis-5-beispiele/* – abgerufen am 14.07.2021

23 Thaler, R.: *Nudge. Wie man richtige Entscheidungen anstiftet.* Berlin 2009

24 Lefrançois, G. R.: *Psychologie des Lernens.* Köln 1976

25 *https://www.sueddeutsche.de/wissen/psychologie-glueckliche-jagd-nach-sinnlosen-punkten-1.3574548*

26 Shen, L.; Hsee, C. K.: "Numerical Nudging: Using an Accelerating Score to Enhance Performance". *Psychological Science* 28(8) (2017), S. 1077 – 1086

9

Der Autor

9

Der Autor

Reiner Neumann arbeitet mit Menschen in Unternehmen und Institutionen – für bisher mehr als 25 000 Kunden: vom Vorstand bis zum Sachbearbeiter, von ABB bis ZF, von vertraulich bis öffentlich.

Drei Faktoren machen den Unterschied: die wissenschaftliche Fundierung, die umfangreiche Praxis als Trainer und Berater sowie mehr als zehn Jahre Erfahrung als Manager im In- und Ausland.

Sein wichtigstes Thema ist Zielorientierte Kommunikation: Auftritt + Wirkung, Rhetorik + Argumentation, Medien + Öffentlichkeit. Er schreibt Reden, Interviews sowie Pressetexte, Bücher und Artikel für seine Kunden.

Reiner Neumann ist Diplom-Psychologe mit Stationen am Max-Planck-Institut für Bildungsforschung Berlin und an der Ruhr-Universität Bochum. Danach war er zehn Jahre als Manager aktiv und arbeitet seit mehr als 25 Jahren in Bera-

tung und Training. Er ist Verfasser zahlreicher eigener Sach-
und Fachbücher bei renommierten Verlagen sowie vieler
Artikel und Buchbeiträge.

Kontakt:

Fon: +49 173 614 35 90   Mail: *neumann.ctc@gmail.com*

Index

10

Index